MW01598531

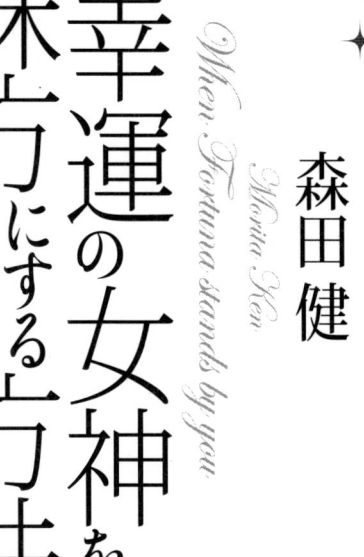

幸運の女神を味方にする方法

When Fortuna stands by you

森田健

Morita Ken

マガジンハウス

幸運の女神を味方にする方法

はじめに

「森田さんが喋ったことを、他の人が書く形で、本にしてみませんか？」

こう打診してきたのはマガジンハウスの編集者、久米氏です。私は答えました。

「今まで出した本はすべて自分自身で書きました。他の人に代筆してもらったことはありません」

久米氏は言いました。

「私は森田さんの講演会のＤＶＤを見ました。喋る森田さんは本の中の理論的な森田さんとはまた違ってテンポがあります。それをＤＶＤではなく文章の形にするのが今回の企画のねらいです。書くのはこの人、伊藤です」

メガネをかけた、見るからに文学青年風の優男がぺこりと頭を下げました。

私は理系なので、彼と一緒に仕事をしたら面白いことになるかも知れないと思い、ＯＫしました。カンは的中しました。

翌週から彼の前で、私の経験を話しました。テーブルにはさきイカやピーナッツが置かれ、少し後ろに倒したリクライニングチェアーで紅茶を飲みながら喋りました。その雰囲気が、自分自身でキーボードに向かって本を書くときとは違うものを引き出してくれました。ひとことで言えば、閉ざされた自己の世界に入るのではなく、目の前に読者が出現している感じになったのです。

〝時空〟も同じだと思いました。この本では時空のことを女神と呼んでいます。女神も語り合いたいのです。ところが人類は、女神を天の上にまつりあげてきました。願い事をしたり、祈ったりする対象でした。女神はそういう一方方向の関係が嫌いだったのです。

女神はあなたが語りかければ、必ず答えてくれるのです。それだけではありません。あなたのメイドにまでなってくれます。考えてみれば、女神だって孤独でした。自分を友達扱いしてくれる人はいなかったのですから。

女神も友達が欲しいのです。しかし、友達になるためには彼女の性質を知らなければなりません。コミュニケーションの方法も人間同士とは違います。そこを理解して初めて友達にもなれるし、メイドにもなってくれるのです。その方法がこの本には書いてあります。

不思議議研究所　森田 健

目次

法則 1

運命は女神に開いてもらうもの

「運がいい」のはどんな人？

残念なことに、この世の中は平等ではありません。

きれいな顔に生まれたというだけで、異性にチヤホヤされる人がいます。生まれつき頭が良く、大して勉強もしなかったのに一流大学に入る人がいます。品性下劣で、いい大学を出たわけでもないのに、親のコネで有名な大企業に入れる人もいます。

才能や環境だけではありません。〝運〟だってそうです。

科学的に考えれば運なんて存在しないようにも思いますが、日々の生活の中で「運がいい人」は確かにいると感じることはないでしょうか？　能力もあり、努力も重ねていたのに、最後の最後に運が悪くて結果を出せなかった――そんな経験をした人は少なくないと思います。

例えば、他人に恨まれることなどしたこともなく、誰からも好かれていたのに、事故や災害に巻き込まれる人がいます。

本人には何の落ち度もなく、ただ、その瞬間、偶然そこに居合わせたというだけで事故や災害に巻き込まれるのです。誰が見ても、「運が悪い」としか言いようがないでしょう。

その一方で、１０００万円単位の宝くじに2回以上当たる人もいます。

ご存じの通り、宝くじなんて、そうそう当たるものではありません。ところが、まったく何の努力もせず、ごく普通に宝くじを買っただけで、何年も遊んで暮らせる大金を何回も手にしてしまうわけです。まだ株式投資や競馬なら、知識や技術の介在する余地がありますが、宝くじの場合は完全に運しかありません。

明らかに、「運がいい人」と「運が悪い人」がいるのです。

では、「運がいい」というのは、どういう人なのでしょうか？

ちょっと逆説的な言い方になりますが、私は絶対的に運がいい人というのはいないと思います。確かに「運がいい人」と「運が悪い人」はいますが、多くの人はその中間ではないでしょうか。

宝くじに2回当たったことがあるラッキーな人でも、長い人生の中には、一日くらい徹底的についてなかった日もあったことでしょう。

逆にいくら「運が悪い」という人でも、「今日は運が良かった」という日があったはずです。

例えば、パチンコで「全然勝てない」という人は少なくありませんが、「一回も勝ったことがない」のにパチンコにハマる人はいないでしょう。たいてい過去に勝った経験があり、それが忘れられずにハマってしまうのでしょうから。

結局、「運がいい」というのは相対的なものだと思います。つまり、「運がいい人」とは、「運が良かった日」が他の人よりも多いということです。

では、運を良くして、幸運な日を増やすことはできるでしょうか？

私はできると確信しています。どうすれば運が良くなるのか、これからじっくりご説明いたしましょう。

私はこんなに運がいい

客観的に見て、私はかなり「運がいい」人間だと思います。

大学を出て最初に就職したのは大手のコンピュータメーカーでした。大学が電子工学科だったから選んだだけで、その会社で具体的に「どんな仕事がしたい」という希望などありませんでした。

はっきり言えば「生活のため」に就職しただけで、「大企業だから」その会社を選んだだけです。若者らしい青雲の志など、まったく持っていなかったのです。だから、配属先の希望を聞かれたときは、正直に「どこでもいいです」と答えました。

すると、いきなり社長直属の総合企画室に配属されたのです。全部で50人くらいしかいない少数精鋭の部署で、新入社員は私を含めて2人だけでした。誰が見ても「期待の新人」という感じです。

今から思えば、新人研修での行動が面白がられたのかもしれません。毎日、研修の感想をレポートに書かされたのですが、私は一切無視して「コンピュータの未来」について延々と書いていたのです。

その後、会社のお金でフランスの経営大学院に1年間留学。

日本に帰ってくると、ニューヨーク駐在員を命じられました。完全にエリートコースです。

だけど、私はその時点で会社を辞めてしまいました。

この話は今まで何回も本に書いてきましたが、本当に何の理由もないんです。ある日、いきなり目の前がセピア色になって、まったくやる気がなくなった――。それだけです。

多くの人に「もったいない」と言われました。会社で冷や飯を食わされていたわけでもなく、それどころか将来を嘱望されるエリートコースに乗りながら、いきなりすべて放り出してしまったのですから。

そのまま会社に残っていれば、今ごろは役員になっていたかもしれません。だけど、それが何だというのでしょう。大企業の役員になったからといって、それで幸せな人生が送れるとは限らないじゃないですか。

会社を辞めて収入が増えた

結論から言うと、会社を辞めたことで、私は以前よりも幸せになりました。

会社に辞表を出したとき、私は26歳でした。入社したときと同じく、「何かをしたい」と思って辞めたわけではありません。まったく、何のビジョンもありませんでした。

とはいえ、別に資産家の息子というわけでもありませんから、何か仕事をしなければ生活できません。

そこでコンピュータソフトを作る会社を立ち上げると、その会社は順調に伸びていきました。やがて開発した通信ソフトが郵政大臣賞を獲って、仕事もどんどん増えていきました。

会社を辞めずにサラリーマンを続けているより、もっと多くのお金が入ってきました。業界でも注目される存在になり、銀座のクラブに行けば「お若いのに社長さんなの？」とチヤホヤされる毎日です。

結局、サラリーマンよりも経営者の方が向いていたのでしょう。

でも、ここで注意していただきたいのは、私が「自分の会社を作りたい」とか「独立したい」といった前向きな気持ちで起業したわけではないことです。

何となく会社を辞めて、たまたま自分で会社を作ってみたら結果的にうまくいった。

「運がいい」と思いませんか？

3500万円が5億円に！

その後、私は中国で王虎応（ワンフーイン）という考古学者に出会い、彼が古文書から発見した

「六爻占術（ろっこうせんじゅつ）」という占いを教えてもらいました。３枚のコインを6回投げ、占った日との関係を見て、未来を予想するという占いです。

ちなみに彼は山西大学外国語学部日本語学科を卒業しているので、日本語を話せます。

ある日、ニッセンという通販会社の株を占ってみると、「2カ月後から急上昇する」という卦（け）が出ました。当時、そんな予想をしていた専門家はほとんどいませんでしたが、私は六爻占術を信じ、思い切って全財産の３５００万円を突っ込みました。

すると、どうでしょう。

占いの通り、ニッセンの株はどんどん上がっていきました。３５００万円で買った株が半年で1億５０００万円になり、2年後には5億円を越えたのです。そのお金で東京・下北沢に土地を買い、家を建てました。

これだって「運がいい」と思います。

ニッセンの株が上がったことが、ではありません。

王虎応という人物に出会い、六爻占術という驚異的な的中率を誇る占いを教えてもらったことが、です。

私が株で大儲けしたことを話すと、「いつか大失敗するよ」と忠告されることがあります。

だけど、絶対に失敗しません。それはもう、自信を持って断言できます。

なぜなら、もう株をやろうとは思っていないからです。

勝負に必勝法はありませんが、絶対に負けない方法なら簡単です。二度と勝負をしなければいいのです。

家を建てても、手元にはかなりのお金が残りました。人並みの生活をしていれば、一生暮らしていけそうな金額です。

私はもともと物欲が少なく、何千万円もする高級車が欲しいとも思いませんし、別荘を持ちたいとも思いません。

もしも私に物欲があふれていたら、こうはいかなかったでしょう。

使おうと思えば、お金はいくらでも使えます。銀座の超高級クラブで毎日豪遊する、ヨットを買う、世界一周旅行をする、何億円もする名画をコレクションする……。

私は一切興味がありません。

住むところがあって、生活の心配がなくなれば十分。それ以上、お金はいらないのです。

自分の物欲が少なかったこと――。これもやっぱり、「運がいい」と思います。

運命は9割決まっている

王虎応――通称「トラさん」に出会ったのは1996年のことでした。

その年、私は社内に「不思議研究所」を設立し、初めて中国を訪れました。ホテルの部屋で荷物の整理をしていると、いきなりトラさんが訪ねてきたのです。

そしてカタコトの日本語で「私も不思議なことが大好きです。ぜひ一緒に旅行させてください」と言いました。私が新聞に出した広告を見て、訪ねてきたそうです。それ以来、毎年のように中国で会うようになりました。

そのトラさんが、ある日、「古代の遺跡で古文書を見つけました。とてもよく当たる占いのことが書いてありました」と言ったのです。

それが六爻占術でした。

最初は相手にしなかったんです。もともと私は理系の人間ですし、占いなんてまったく興味がありませんでしたから。

ところが、やがて信じざるを得なくなった。それくらい、六爻占術はよく当たるのです。もちろん１００パーセントとはいきませんが、的中率を調べてみると実に90パーセント近く当たります。

これはどういうことでしょうか？

そう、人間の運命は90パーセント決まっている、ということです。そうでなければ、未来のことが90パーセント当てられるわけはありません。

トラさんに、「森田さん。どうやら、人間の運命はほとんど決まっているみたいですよ」と初めて言われたとき、私はとてもショックを受けました。

だってそうでしょう。最初から運命が決まっているとすれば、自分で人生を切り開いていくなんてできないことになります。すべては自己満足。お釈迦さまの手のひらの上を飛び回って得意になっていた孫悟空と一緒です。

自分で進路を選び、職業を選択したと思っていたのに、実は最初から決まっていたことだったんです。

たくさんいる女性の中から、たった一人の妻を自分で選んだと思っていたのに、実は最初から決まっていたことだったんです。

人生には何の自由もなく、努力なんかしても意味がないことになります。何もかもが虚しく思えてきます。

しかし時間が経つと、徐々にショックが薄れてきました。

考えてみれば、「自由に生きる」ことにどれだけの価値があるでしょう。やりたいことをやって死んでいく――。それがそんなに素晴らしいことでしょうか。結局のところ、自己満足ではないでしょうか。

大切なのは現実を直視し、真実を受け入れることです。

六爻占術の的中率から、運命が9割決まっているという事実が導かれました。それが真実であれば、そこから目をそらしても意味がありません。私が認めようが認めまいが、客観的な真実は変わらないのです。

わかったよ、運命はほとんど決まっている。それが真実なんだね――。

素直にそう思えるようになったとき、意外なことに、とてもすっきりした気持ちになりました。

よく考えてみれば、自由が失われたわけでもありません。いくら運命が決まっていても、自分は自分で自由に生きればいいのです。

今まで通り、やりたいことをやればいい。それが最初から決められていたことだったとしても、別に構わないじゃないですか。

また、９割決まっているということは、どうなるかわからない部分も１割はあるということです。

運命はほとんど決まっている。

それでも、人生には意味があるのです。

自力でがんばっても効率が悪い

まだサラリーマンだった20代の頃、タイヤで川下りをしたことがあります。

当時、多摩川の上流で多くの人がカヌーを漕いでいました。そこに混じって、4つのタイヤにベニヤ板を乗せただけの船で、多摩川を下ってみたのです。

パドルやオールのようなものは、一切持ちませんでした。ひたすら川の流れに身をゆだねたわけです。

最初はちっとも進みません。後から来たカヌーに、どんどん追い越されていきます。

ところが、やがて流れに乗って、少しずつスピードがついてきました。気がついたときにはカヌーよりも速くなっていて、前にいたカヌーを次々と追い抜いていきます。

しばらくすると、岩にぶつかって壊れたカヌーをいくつも見かけるようになりました。

私の乗っているタイヤの船も、岩には何回もぶつかりました。岩をよけたくても自分で進路を変えられませんから、むしろカヌーよりも多くぶつかったと思います。ところが、丸いタイヤなのでダメージがありません。岩にぶつかっても衝撃を吸収してバウンドし、転覆することもなく、順調に川を下っていきました。

私がしたことといえば、ただタイヤにしがみつき、前にカヌーが見えると「どいてくださーい！」と叫んだくらい。それなのに転覆もせず、他のカヌーよりも速く、川を下ることができました。

パドルの操作をする必要がなかった分、カヌーに乗っていた人たちより景色も楽しめたと思います。

トラさんから「運命はほとんど決まっている」と聞いてしばらく経った頃、私はこの川下りの体験を思い出しました。

「こだわらない」生き方

考えてみれば、運命というのは川の流れのようなものではないでしょうか。

自力で運命を切り開く生き方は、パドルをたくみに操ってゴールを目指すようなもの。もちろん、上手な人は予定通りゴールにたどり着きますが、下手な操作をしたため、かえって岩にぶつかったり転覆したりして、リタイアしてしまう人もたくさんいます。

むしろ流れに逆らわず、流れに身を任せた私のほうが、彼らよりも速く、無事にゴールに着くことができたのです。この結末はとても示唆に富んでいると思いませんか？

最初から運命の大筋が決まっているとしたら、その流れに逆らおうとするのは危険です。流れに逆らわず、細かい変化に合わせ、うまく流れに乗ることが大切なのです。

むやみに「人生の目標」とか「自分が生きる意味」なんて考えないほうがいい

と思います。

例えば、靴を作っている会社は、靴だけにこだわらないほうがいい。サンダルが流行ったら、サンダルを作ればいいんです。

環境の変化に合わせて自分のスタンスも柔軟に変えていく。これが流れに乗るということです。

世の中には、ケンカばかりしている夫婦がいます。

おそらく、彼らは自我が強いのではないでしょうか。自分が正しいと思ったら絶対に引かない。夫や妻に対して、「こうあるべき」という理想像がある。だから衝突することが多く、ケンカが絶えなくなってしまうのでしょう。

私は結婚して20年以上になりますが、ほとんど夫婦ゲンカをしたことがありません。

客観的に見て自分が正しいと思っても、相手が怒っていれば、とりあえず謝ってしまいます。自分が素晴らしい夫だなんて思っていませんし、「妻とはかくあるべし」という理想もありません。

自我がないんです。

童話の「北風と太陽」みたいなもので、こちらが低姿勢になると、相手の態度も柔らかくなります。こちらから「ごめんよ」と言うと、「私も悪かったわ」と返されます。お蔭で激しいケンカになることもなく、ずっと夫婦仲は円満です。

そうやって運命に逆らわず、うまく流れに乗ることを心がけていると、いつの間にか「運」が良くなってきます。

実は、これこそ私の幸運の秘密なのです。

若い頃ははっきり意識しなかったのですが、私は「自分の人生とはこうあるべき」と決めたことはありませんでした。

大学を出て初めて会社に入ったときも、「どの部署でもいい」と思っていたらエリートコースに乗っていました。せっかくエリートコースに乗りながら、「サラリーマンとして出世する」ことにこだわりがなかったので、やる気がなくなったらさっさと会社を辞め、結果的にサラリーマン時代より幸せになりました。

振り返ってみれば、自分の人生をこうだと決めず、無意識のうちにうまく運命の流れに乗っていたから、幸運な人生を送ることができたのだと思います。

自分で運命を切り開こうとすると、岩にぶつかって転覆してしまう危険があります。

それよりもうまく流れに乗ることで、「幸運の女神」に幸運を持ってきてもらうのです。

「幸運の女神」はメイドだった

とてもラッキーなことが起きたとき、「幸運の女神がほほ笑んだ」という言い方をすることがあります。これは決して、ただの比喩ではないと私は思います。そう、「幸運の女神」は実在するのです。

〝女神〟には違いないのですが、私の実感としては、それほど恐れ多い存在ではありません。もっと気さくで、世話好きで――どちらかというと、〝メイド〟みたいな感じです。従来のイメージでは、神がご主人さまで人間がメイドという感じだったのではないでしょうか。

ところが、真実は逆だったんです。「幸運の女神」は、みずから人間のメイドにもなってくれる気さくで優しい女神さまだったのです。

幸運の女神はメイドだった！

この驚くべき事実を発見したのは、やはり中国に行ったときでした。あるとき中国で、「相手が穿いているパンツ（下着）の色がわかる」という風変わりな占い師に出会ったのです。「今まで外したことがない」と豪語します。

実際、その場にいた４人全員のパンツの色を当ててみせたのですから、ビックリしました。ちなみに、私は青いパンツを穿いていました。透視能力でも持っているとしか思えません。

普通、中国の占い師は相手の生年月日を聞いたり、面相（顔）を見たりして占います。だけど、彼は何も使いません。生年月日も聞きませんでしたし、じっくりと顔や手相を見ることもしませんでした。

相手が座った方角――それだけでわかるというのです。

そんなバカな、と思うでしょう？

ところが彼に言わせると、穿いているパンツの色でどの方角に座るかが決まる。無意識のうちに、特定の方角を選んでしまう。無理に他の方角に座ろうとしても座れない、というのです。

私も最初に聞いたときは、すぐには信じられませんでした。でも、実際にその場にいた人たち全員のパンツの色を当てたという実績があります。

また、彼は決して超能力者というわけではなく、パンツの色が透けて見えるわけではないそうです（女性のみなさん、ご安心を）。あくまで座った方角から、色がわかるというのです。つまり、方角と色は対応しているのです。

しかし、ここで大きな問題が発生します。彼のオフィスは一方が壁になっていて、相手の座る方角は90度しかありません。その90度の方角からパンツの色を100パーセント当てるためには、彼のオフィスを訪れる人は白や黒のパンツは穿けないのです。なぜなら、白や黒に対応する方角には座ることができないからです。青（あるいは緑）、黄色、赤（あるいはピンク）しか選べません。

この事実をどう考えればいいのでしょうか？

私が青いパンツを選んだのは、その日の朝のことでした。占い師の彼は、「相手のパンツの色を知りたい！」という強烈な問いを持っている。その思いが、彼に会う人（この場合、私たち4人です）の朝からの行動に影響を与えたことになります。不思議な話ですが、そうとでも考えなければ説明がつきません。

そのとき、目に見えないメイドが私に青いパンツを指し示しているイメージが浮かんだのです。

「森田さま、今日はこのパンツがよろしいかと思いますわ」と。

「パンツの色を知りたい」という彼の強い問いにこたえて、ひとりのメイドが私の所にやってきたのです。同じように、他の人たちの部屋にも行ったのでしょう。メイドは何人もいるのです。キリスト教のような唯一絶対の女神さまではなく、妖精に近い感じです。

これは私にとって、目からウロコが落ちる大発見でした。

メイドがコインを引っくり返す

妖精のような目に見えないメイドが存在する——。

そう考えると、六爻占術の驚異的な的中率も説明できます。運命が90パーセント決まっているとしても、それがなぜ六爻占術でわかるのか。実はそのことがずっと引っかかっていたのです。

六爻占術の基本は、３枚のコインを６回振ることです。例えば１回目は「３枚とも裏」、２回目は「表が２枚で裏が１枚」、３回目は「表が１枚で裏が２枚」……という風に６回振り、占った日時との関係から占います。

組み合わせは複雑になりますが、要するにコインの表が出るか裏が出るかがポイントになります。

それなのに、なぜ90パーセントも当たるのでしょう？　表か裏の出る確率は半々（50パーセントずつ）ではないでしょうか？

もしかすると、自分には超能力があるのではないかと思い、実験してみたことがあります。

「表よ、出ろ！」と念じて１枚のコインを振り続けたところ、20回振って表が出たのは11回でした。この結果から「私に念動力がある」と判断する人はいないでしょう。

仮に念動力があったとしても、半分の10回よりたった1回多く表を出せた程度の力。誤差の範囲だと思います。振る回数を増やせば、表が出る確率はどんどん50パーセントに近づいていくはずです。

表が出る確率は50パーセント。裏が出る確率も50パーセント。それなのに、なぜ90パーセントも当たるのでしょうか？

これは科学では説明がつきません。

つまり、六爻占術で未来を占うとき、コインの表と裏はアトランダムに出ているわけではないのです。目に見えないメイドがコインを引っくり返し、私たちに未来を教えてくれているわけです。

再び、「運がいい」のはどんな人？

秋葉原のメイド・カフェに入ると、普通のカフェのように「いらっしゃいませ」とは言われません。

私のように男性なら「お帰りなさいませ、ご主人さま」。若い女性なら「お帰りなさいませ、お嬢さま」です。

つまり、カフェがその客の自宅で、メイドたちはそこで働いている、という設定になっているわけです。お金を払ってお店を出るときも、「ありがとうございました」ではなく、「行ってらっしゃいませ、ご主人さま」と声をかけられます。

だけど、「幸運のメイド」たちは「お帰りなさいませ」とは言いません。なぜかというと、常に一緒にいるからです。

家の中でも一緒。出かけるときも一緒。そのまま、一緒に家に帰ってきます。

見送ったり出迎えたりせず、常にご主人さまについてくるわけです。とてもフットワークが軽く、アクティブに活動します。その行動だけ見れば、家の中で家事をしているメイドよりも、社長の秘書みたいな感じです。

彼女たちはとても世話好きです。何か困ったことが起こると、頼んでもいないのに積極的に世話を焼いてくれます。

ただし、誰にでも、というわけではありません。

お母さんの愛は無条件ですが、メイドたちは女神のくせに、もっと人間臭い愛を持っています。無条件の愛ではありません。絶対的な「母の愛」とは違い、「男女の愛」に近い緊張感があるんです。嫌われたら、それっきりです。

メイドたちは近くに人がいると、しばらく行動をともにしてじっと観察します。それで気に入った人には世話を焼いてくれますが、そうでない人には何もしてくれません。飽きれば、そのままプイッとどこかに行ってしまいます。猫のように気まぐれ、です。

考えてもみてください。彼女たちはもともと気高い女神さまです。私たちがお金を払い、メイドとして契約したわけではありません。

女神は気に入った人の前でだけメイドになります。

そしていったんメイドになると、献身的にその人の世話を焼いてくれるのです。それが「幸運の女神がほほ笑む」という現象になるわけです。

私は株で成功しましたが、自分の力だと思ったことはありません。株の専門家ではありませんし、私自身が会社の業績や株の動向から予想したわけではないからです。

私はただ六爻占術を使い、そこで出た卦から「2カ月後から上がる」とわかっただけです。つまり、「幸運の女神」がコインを引っくり返し、未来を教えてくれたのです。女神さまのお蔭です。

ここで最初の話に戻ります。「運がいい」人とは、どういう人でしょう?

それは「幸運の女神」に愛され、ほほ笑まれた人です。

そういう人の前では、気高い女神が親切で優しいメイドになるのです。「幸運の女神をメイドにする」ことができれば、幸運がやって来るようになります。

運命は90パーセント決まっていますが、残りの10パーセントは決まっていません。運が良くなると、その10パーセントに影響を与え、少しずつ運命そのものが良くなっていきます。

この本で私がお伝えしたいのは、では具体的にどんな意識を持ち、どんな行動をすれば女神にほほ笑んでもらえるか、ということです。

すなわち、「幸運の女神をメイドにする方法」なのです。

法則 2

女神は質問されるのが好き

女神はツンデレ？

大抵の人は「神頼み」をしたことがあると思います。

例えばお正月に神社に初詣に行き、「ステキな出会いがありますように♡」とか、「宝くじが当たりますように」などとお願いをします。

効果はありましたか？

「あった」という人もいるでしょう。そうお祈りした年に「恋人ができた」とか、「第一志望の大学に受かった」ということは十分あり得ます。

だけど、それは神さまにお祈りしたお蔭でしょうか？　たまたまそうなっただけで、別に神さまにお祈りしなくても同じ結果が出たのではないか、と私は思います。

考えてもみてください。お賽銭に１００円払っただけで「1億円当ててくれ」

なんて、あまりにも図々しいと思いませんか？　人間同士なら絶対にあり得ない厚かましいお願いです。

せめて、お賽銭に１０００万円くらい出すとか、「当たったら半分あげます」とか、それくらいの見返りは当然でしょう。

そもそも普段はなもひっかけないくせに、初詣でのときだけやって来て（しつこいようですが）１００円で願いをかなえてもらう、という態度も人としていかがなものかと思います。

私が神さまだったら、「ふざけるな！」と思います。願いをかなえてやるどころか、バチを当ててやりたくなります。

大人の人間同士なら、見返りもなしに一方的に何かしてもらう、なんてあり得ません。

「もともと神さまと人間は対等の関係ではないのだから」、と反論する人もいるかもしれません。だとしても、いつも一方的に要求ばかりする部下や後輩がいたら、ウザいと思いませんか？

それに「〜になりますように」という〝願望〟は、一見下手に出て神さまにすがっているようでありながら、本音では〝命令〟と紙一重です。

「お願いします」と言いつつ、自分は何もせずに「やってくれ」と思っているわけです。

「幸運の女神」はなにしろ女神さまですから、プライドはとても高いです。人間ごときの〝命令〟なんて絶対に聞きません。お願いしているように見せて、実際は強要しているという無意識の本音も一瞬で見抜いてしまいます。

だから、〝願望〟はなかなかかなわないのです。

いくら「運命は女神に開いてもらうもの」といっても、やり方があるのです。ただ「〜になりますように」とか「〜してください」とストレートにお願いしても、効果は期待できません。

もっとも、プライドが高い一方、「幸運の女神」はなかなか可愛らしい性格をしています。

ツンとすましているのは上辺だけで、心の中は優しく、世話好き。特に好きな人の前ではガラリと態度が変わって、恋に落ちた少女のようになってしまいます。若者言葉で言えば、「ツンデレ」というやつです。

ポイントは女神をその気にさせ、関心を持ってもらうことです。

普段はプライドが高くクールな女神さまも、好きな人の前に出ると、かいがいしく働く可愛いメイドになってしまうのです。

〝問い〟を持つことで女神は動く

人間には「知っていることを話したくなる」という心理があります。

友人の秘密を打ち明けられたとき、「誰にも言わないでね」としつこく念を押されると、つい他の人に喋りたくなってしまうもの。居酒屋で隣りに座った人たちの「100メートル走で9秒58を出したジャマイカ人、何ていったっけ？」「えーと、ボストじゃなくて、ボルグじゃなくて……」なんて会話が耳に入ると、「ボルト！　ウサイン・ボルトですよ」と教えたくなってムズムズします。

女神も同じなのです。

なにしろ女神には、これから起こる未来がほとんど見えています。「この後、これはどうなるの？」と聞かれると、反射的に「あ、それはね」と教えたくなってしまうのでしょう。

労力を考えても、他人に「何かしてあげる」ことに比べて、「知ってることを教えてやる」のはずっと楽ですから。

自分では何もせず、一方的に「～してください」と願望を押し付ける人には女神はそっぽを向きますが、何か具体的な質問をされると無視できず、「それはこうなのよ」と教えたくなってしまいます。マスコミに囲まれるのが大好きなB級芸能人みたいです。

前述したように、私の場合、「ニッセンの株はこれから上がるでしょうか？」という問いを持ち、六爻占術で占ってみたところ、「2カ月後から上がる」という卦が出ました。

このように、問いは具体的なほどいいのです。問いが具体的であれば具体的であるほど、女神ははっきりした答を与えてくれます。

私は毎年、立春の日にその年の全体運を六爻占術で占います。

すると、大ざっぱなことしかわかりません。「去年、どんな事件がありましたか？」と聞かれたとき、とりあえず新聞の一面を飾った大事件をいくつか挙げるのと似ています。大ざっぱな質問に対しては、大ざっぱな答しか返ってきません。

その年の全体運を占って、「事故に遭いそうだ」という卦が出たとしましょう。今度はそこに焦点を絞って、もう一度占います。「何月頃、事故に遭うのか？」「どんな事故なのか？」と細かく占っていくわけです。新聞をパラパラめくって、気になった見出しがあったら記事を読む要領です。

六爻占術でコインを振った場合、同じ「表が1枚、裏が2枚」という結果が出ても、「何を占うか」で判断が違ってきます。健康運で見るといい結果であっても、恋愛運ではイマイチ、仕事運では最悪、ということもあり得ます。

何を知りたいかが大切なのです。

コイン占いとシンクロニシティ

有名な心理学者であるC・G・ユングが「シンクロニシティ」という概念を考え出したのも、きっかけはコイン占いでした。「シンクロニシティ」とは、「共時性」や「意味ある偶然の一致」と訳される概念です。

第一次世界大戦の頃、ユングの親友だった宣教師が中国に行き、簡単なコイン占いを教わってきました。

六爻占術の原型のような「六十四卦」という占いで、やはり３枚のコインを振って占います。答が64通りしかないシンプルな占いなので、六爻占術には及びませんが、それでもかなりの的中率があります。

ユングはたちまち、この占いのとりこになりました。コインを振って出る卦（裏や表という結果）と「未来に起こる出来事」は、本来まったく関係ないはずです。それなのに、なぜ占いが当たるのでしょうか？

そこでユングが考えたのが「意味ある偶然の一致」を説明する原理である「シンクロニシティ」という概念だったのです。

ある日、友人の学者がユングのもとを訪ね、コイン占いに興味を持ちました。早速コインを振ろうとした友人に対し、ユングは「ちょっと待った！」と言ったそうです。

「君はどんな問いを持っているの？」

何も考えずにコインを振っても未来はわかりません。「何かについて知りたい」というピンポイントの〝問い〟を持つことで、「幸運の女神」は未来を教えてくれます。

はっきりした〝問い〟を持つことによって、女神はあなたのために動いてくれるのです。

〝願望〟と〝問い〟は違う

私は〝願望〟と〝問い〟は似て非なるものだと思っています。

まず、〝願望〟は抽象的で〝問い〟は具体的です。次に〝願望〟を持っている人は自分では何も行動しませんが、〝問い〟を持っている人はすでに自分でも行動を起こしていることが多いです。

「幸運の女神」がウザいと感じるのは〝願望〟のほうです。

もっと具体的に説明しましょう。

例えば、「お金持ちになりたい」が願望だとすると、「300万円貯金できるだろうか」とか、「A社の株が上がるだろうか」というのが問いです。「もっと頭が良くなりたい」が願望だとすると、「B大学に合格できるか」が問い。「ステキな人と出会いたい」が願望なら、「彼氏と結婚できるか」が問いです。

「お金持ちになりたい」といったときの「お金持ち」は、まず基準があいまいです。小学生なら1万円持っているだけでもお金持ちと呼ばれますが、30歳の大人が1万円しか持っていなかったら、お金持ちとは呼ばれません。同じ30歳の社会人でも、100万円持っていればお金持ちだと思う人もいれば、1000万円の貯金があってもお金持ちではないと感じる人もいるでしょう。

また、「お金持ちになりたい」というだけの人は、何の行動も起こしていない場合がほとんどです。それに対し、「300万円貯金できるか」という問いを持っている人はすでに節約や資産運用など、何らかの行動を起こしていることでしょう。「A社の株が上がるか」という問いを持っている人なら、当然A社の株を買おうと思っているに違いありません。

同じく、「頭が良くなりたい」という人は具体的に何もしていないことが多いのに対し、「B大学に合格できるか」と考えている人は毎日受験勉強に励んでいると思います。

「ステキな人と出会いたい」人は何もしていませんが、「彼氏と結婚できるか」

という問いを持っている人はとりあえず彼氏がいて、結婚に向けてお互いの関係を深めています。ついでに言えば、どういう人が「ステキな人」かも難しいところ。有名な外資系企業に勤めている年収２０００万円の男性はステキですが、年収２００万円のフリーターだけど、とても心が美しい男性だってステキだと思うことはできます。

中でも最悪な願望は「幸せになれますように」です。

どういう状態が幸せなのか、万人が認める明確な定義はありません。他人から見れば文句なしの環境なのに不満を持っている人もいれば、他人から見れば哀れでしかない境遇なのに、ささやかな幸せを感じている人もいます。

神さまの立場になってみると、漠然と「ステキな人と出会えますように」とか「お金持ちになれますように」とか言われても困ってしまいます。「幸せになれますように」とか言われれば、もっと困ってしまいます。

さらに、自分では何もせずにすがってくる人より、すでに自分でも努力を重ねている人を助けてやりたくなる。これが人情というものでしょう（この場合は「神情」でしょうか)。

まず、あやふやな〝願望〟ではなく、はっきりした〝問い〟を持つこと。これが「運を良くする」最初の一歩だと思います。

もっとも、私の友人に「僕の願望は80パーセントかなっている」と豪語するアメリカ人がいます。彼は牧師で、もちろん敬虔なクリスチャンです。

ところが、よく話を聞いてみると、その〝願望〟というのが「教会からネズミをいなくしてください」など、他愛ないレベルのものばかりなのです。スーパーマーケットに行って殺鼠剤を買ってくれば済む話。「そんなもん、祈るな！」とツッコミたくなります。

さらに、このつましい〝願望〟を分析してみると、実は〝問い〟に近い気もします。まず、「ネズミをいなくしてください」というのは具体的ではないですか。また、「殺鼠剤を買ってくる」という行動こそ起こしていませんが、代わりに毎日熱心に祈るという行動を取っています。お正月の初詣とは違います。

もしかすると、それで神さまの心が動かされたのかもしれません。

メイドになった女神は説教しない

私の経験から考えるに、「幸運の女神」に倫理感はないみたいです。

特にいったんメイド服に着替え、メイドとしての仕事に取りかかると、その傾向が顕著になります。

例えば学校の先生に、「万引きをしても捕まらない方法」を聞いても教えてはくれません。叱られるだけですよね。というか、最初から聞こうとも思わないでしょう。同じく、会社の上司に「ライバルをだまし、失脚させる方法」を聞くこともできません。

先生や上司には、倫理感があるからです。内心どう思っているかはわかりませんが、生徒や部下の前では「不正や犯罪をしてはいけない」という態度を取っています。

ところが「幸運の女神」は、女神さまのくせに、そうではないんです。

何を聞いても怒りません。

どんなに下品なことを聞いても、それどころか反社会的なことを聞いても、親切に答えてくれるのです。

例えば中国にいるトラさんのところに、警察に追われている人が相談に来たことがあったそうです。「どうすれば捕まらないか占ってくれ」と言うので六爻占術で占ったところ、「わら人形を縄で縛って燃やしなさい」という卦が出ました。その通りにしたところ、執拗な警察の追求がピタリとやんでしまったそうです。

考えてみれば、「ニッセンの株が今後どうなるか?」という私の問いも、犯罪でこそありませんが、あまり高尚な問いとは言えません。

なぜ株の動きが気になるかといえば、「上がるなら買います」ということ。要するに、お金儲けが目的なのですから。

それでも、女神は親切に答えてくれました。

「楽してお金を稼ごうなんて考えてはいけません。額に汗して真面目に働きなさい！」なんて説教はしないんです。ウソの答を教えて不埒な考えを持っている私を懲らしめる、なんて意地悪なこともしませんでした。

お蔭で株の素人だった私が、都内有数の人気住宅街に家を建てられるほどの大金を手にしたのです。

今でも私は本を書くと、「今回はどれくらい売れるか」占ってみます。女神はきちんと答えてくれます。実際、かなり近い数字を教えてくれます。

前に「パンツの色を当てる」占い師のことを話しましたが、彼の「パンツの色を知りたい」という問いも、はっきり言って低俗です。

だけど、女神は差別しません。バカにもしないし、怒りもしません。メイド服に着替えて、これから彼が会う予定の人たちのところに行き、パンツを選んで手渡します。

最初に「あまり倫理感がない」と失礼な表現をしましたが、要するに「幸運の女神」には、この〝差別〟という人間的な醜い心がないんです。

現実の世界ではお金を持っている人、権力を持っている人、イケメンがモテます。だけど、女神が好きになる人はまったく違います。

お金持ちだから好きになるとか、イケメンだから好きになる、ということはありません。大企業の社長に対しても、派遣で働いている若者に対しても、態度は変わらないのです。

その人が男か女かも問いません。

人間から見ればたいへんな差であっても、神さまにとっては大した差ではないのでしょう。

神さまの立場から見ると、人間が考える善悪や倫理など、ちっぽけ過ぎて問題にもならないのかもしれません。

〝問い〟は強くて長いほうがいい

「パンツの色を当てる占い師」の話では、もうひとつ印象に残る出来事がありました。

前にも触れた通り、彼は相手の生年月日や血液型を聞くこともしませんし、面相（顔）や手相を観察することもしません。いろいろ質問をして、その人の好みや潜在意識を探る、なんてことも一切しません。ただ、そのとき「どの方向に座るか」を見るだけです。

私と一緒に彼を訪ねたメンバーの中に、面相の専門家がいました。初対面の人の顔を見るだけで、その人が「マンションの何階に住んでいるか」まで見抜いてしまうほどの実力を持っています。

その彼が「座った方向からパンツの色を当てる方法」を聞き、「なんだ、そんな簡単なことなのか」とつぶやきました。

後日、たまたまそのことを思い出したのでしょう。みんなで食事をしているとき、「森田さん、あなたのパンツの色を当ててみましょうか」と言い出したのです。

ところが、結果はハズレでした。

面相に関しては一流の実力を持ち、「パンツの色を当てる」方法もきちんと理解していたのに、当たらなかったのです。

これはどういうことでしょうか？

まず、彼が「森田のパンツの色を当てよう」と思い立ったのは、すでに我々がテーブルに着いて食事を始めてからのことでした。つまり、彼が「パンツの色を当てよう」と思ったとき、すでに私は座っていたのです。

また、面相の専門家は、もともと他人のパンツの色になど興味を持っていなかったことも大きな要因だと思います。

そこへいくと、本家の「パンツ占い師」は気合いが違います。

彼の「他人のパンツの色を知りたい！」という問いは、一朝一夕のものではありません。その強烈な問いが女神を動かすのです。

もちろん、それだけではお客が来ませんから、他のことも占うのですが、常に最初は「パンツの色を当てる」ことから入ります。こんな占い師は世界でも例がないでしょう。

お酒を飲むと当たらない

ちなみに百発百中で他人のパンツの色を当てる彼も、例えば「ある女性にピンクのパンツを穿かせる」ことはできないそうです。

女神は「彼女にピンクのパンツを穿いてほしい」という〝願望〟は無視するわけです。あくまで「彼女のパンツは何色か？」という〝問い〟にだけ、答えてくれるのです。

私の六爻占術の経験から言っても、そのときとっさに思いついたような問い、自分でも内心どうでもいいと思っているような問いを立てた場合、明らかに的中率が落ちます。

お酒を飲んで酔っ払っているときも、同じく的中率が落ちます。酔っ払ってヘロヘロになっている人に話しかけられても、まともに相手をしたくないのは女神も同じようです。

本人が内心どうでもいいと思っているような問いは、女神はたちまち見抜いてしまいます。

そんないい加減な問いには、女神は答えてくれません。コインを振っても、ただ黙ってコインが転がるのを見ているだけです。そこで表が出ようが裏が出ようが、何の意味もありません。

その人が本気で知りたいと思っていること。昔からずっと知りたいと思い続けてきたこと――。そういう強い問いに対しては、女神も無視できなくなります。コインを引っくり返して、答を教えてくれようとするのです。

一流の占い師は〝外応〟を重視する

占いの専門用語に〝外応(がいおう)〟という言葉があります。これは占いに直接表れる卦とは別に、「間接的に表れる卦」を読む方法です。

例えば、「あるプロジェクトがうまくいくか」を六爻占術で占うとします。問いを立てて占ったその瞬間、近くで笑い声が聞こえたら〝吉〟、逆に悲鳴や泣き声が聞こえたら〝凶〟と判断するわけです。

中国の占い師を見ると、ベテランになるほど、この外応を重視するようになります。

本来、近くで「笑い声が聞こえた」ことと「プロジェクトがうまくいくか」は何の関係もありません。そのとき笑った人は、プロジェクトとはまったく関係ない話題で笑ったわけですから。

ところが、問いを立てて占った瞬間の笑い声には意味があるのです。これこそ、シンクロニシティです。

古代の遺跡から六爻占術を発見し、現代によみがえらせたトラさんはこう言います。

「宇宙に存在するものはすべてお互いにつながりがあり、独立して存在しているものはありません」

「激しい夕立」が意味したこと

そのトラさんから直接聞いた外応の実例をひとつ紹介しましょう。

重い病気にかかった息子を持つ母親が、トラさんに占ってもらいに来ました。息子さんは何日も寝たきりで、意識ももうろうとしていたそうです。

早速コインを振ってみたところ、「とても助からない」という卦が出ました。具体的にどんな目が出たのか教えてもらいましたが、確かに私から見ても「とても助からない」と思われる絶望的な卦です。

トラさんは彼女に何て言おうかと考え、少しためらっていたそうです。その瞬間、雷がとどろき、いきなり激しい夕立が降り始めたのです。

これこそ、外応でした。

「大丈夫、息子さんは治ります。とても意外なことで助かるでしょう」

結局、トラさんの予言通りになりました。

それから何日かして、親子の家の前に旅の修行僧が通りがかりました。たまたま母親がこの人に声をかけてみたところ、この僧には東洋医学の心得があり、お蔭で息子さんの病気は快方に向かったそうです。まさに「意外なことで助かった」のでした。

私だったら、とても「助かる」とは言えなかったと思います。

コインの卦から判断すれば絶望的。「突然の夕立」を外応だととらえても、「不吉な外応」と受け止めてしまいそうです。

中国の占いの根幹である「五行説（ごぎょうせつ）」については後ほど詳しく説明しますが、

トラさんによると、その息子さんの「五行」は〝木〟だったそうです。一方、雨は〝水〟です。五行説の考え方では「水は木と相性がいい」ので、トラさんは「この夕立は吉」と判断したわけです。

夕立という同じ外応を見ても、占う人の実力によって意味が大きく変わってくるのです。

先程の「パンツの色をはずした」面相の専門家にも通じる話ですが、このようにマニュアルだけで語れないのが占いの奥の深いところです。

ただ、ここでひとつ不思議なことがあります。

中国の占いの考え方では、外応は〝問い〟に対する答です。しかし同じ外応でも、「近くにいた人が笑った」場合と違って、夕立はそのときすぐには起こせないはずです。

実際に雨が降り始めるまでに、気象条件がそろうための時間がかかります。

トラさんが占ったとき、「幸運のメイド」（メイドになった女神）が「そうだ、夕立でその子の運命を教えてあげましょう」と思っても、とうてい間に合わないのです。

私は世界各地でたくさんの超能力者に会いましたが、「目の前で雨を降らせる」力を持った人には会ったことがありません。もしも「雨を降らせる」力を持つ人がいたとしても、「降らせよう」と思ってから実際に雨が降り始めるまでには、どうしてもタイムラグが生じるはずです。

そう考えると、メイドは「トラさんがその子の運命を占う」ことを前もって知っていて、占うタイミングに合わせて気象条件を整えていたことになります。

もしかすると人間は、〝問い〟さえも女神から与えられているのかもしれません。

人生は〝問い〟の結果

私の六爻占術の師匠、トラさんは言いました。

「森田さん、人間の運命は9割決まっているみたいです」

そう聞いてガッカリする人は少なくないでしょう。私も最初はそうでした。

でも、ここで大切なのは「どうなるかわからない部分が1割ある」ことです。「幸運の女神」をメイドにすることができれば、運が良くなり、この1割の部分がどんどん改善されていきます。実はこの1割が大きいのです。

例えば、私を見てください。

四柱推命などで占えば、私のあらかじめ決められた運命が大まかにわかります。だけど、私と同じ年、同じ日に生まれた人は私だけではありません。四柱推命では生年月日だけでなく、生まれた「年」「月」「日」「時刻」（この4つを見るので〝四柱〟推命といいます）から判断しますが、私と同じ時刻に生まれた人だって何人もいるでしょう。

その中で、私のように「株で5億円儲けた」人がどれだけいると思いますか？

もともと「金運がいい」運命なのだとしても、私と同じ年、同じ日、同じ時刻に生まれて、同じように5億円儲けた人が何人もいるとは思えません。

つまり、この5億円が「変えられた1割の運命」なのです。

決して詭弁ではありません。

「ニッセンの株はこれからどう動くのだろう？」という問いを持ち、六爻占術で占ったら「上がる」と出た。六爻占術に出会っていなければ、ニッセンの株に全財産を突っ込むことなど、絶対になかったと断言できます。

幕末の時代、横浜に高島嘉右衛門という商人がいました。

彼はちょっとした商売上のトラブルで牢屋に入れられ、たまたまその牢屋の畳の下から易の本を見つけました。その本で易の勉強をした彼は、やがて〝易聖〟とまで呼ばれる有名な占い師となり、「高島易断」の創始者となったのです。

彼が牢屋に入っていなければ、また牢屋で畳をはいでみなければ、易に出会うことはなかったでしょう。

「牢屋に入って畳をはがした」ことは、彼の全体の運命から見れば1割程度の変化ではないでしょうか。ところが、たったそれだけのことで、一介の商人だった彼の運命は大きく変わりました。

それでも、「たった1割なんて」と思いますか？

〝ちょっとだけ〟流れを変える

ここで前に紹介した「川下り」の話を思い出してください。

タイヤに乗った私は自分では何もせず、ただ川の流れに身を任せただけでした。

運命というのは、この川の流れのようなものです。

それぞれの人には、最初から大まかなルートが決められています。

流れに逆らうのはたいへんなことですし、下手に流れに逆らうことで転覆する危険も出てきます。川の流れを変えられないように、運命も基本的には変えられません。

ところが、ところどころにある分岐点で、〝ちょっとだけ〟流れを変えることができる。これが「運命は1割変えられる」という言葉の意味です。

その「運命を変える」方法のひとつが占いなのです。

占いをしようと思ったとき、私たちの心の中には「自分の人生はどうなるのだろう？」という問いがあります。

とりわけ六爻占術のすごいところは、「未来を知る」だけではなく、ちょっとだけ流れを変えて「運命を変える」ことまでできることです。

私の親戚で、子供ができないことに悩んでいる夫婦がいました。

何年も不妊治療を続けていたのですが、まったく効果がありませんでした。ところが六爻占術で占うと、「羊の携帯ストラップを付けるといい」という卦が出たのです。

占いなどまったく信じていない人なら、鼻で笑うところでしょう。

ところがワラにもすがる思いで実行すると、３カ月後に待望の妊娠をし、やがて無事に出産しました。

羊の携帯ストラップによって、運命が変わったのです。

ここで大切なのは、「どうすれば妊娠できるか？」という問いを持ったことです。私の「ニッセンの株は今後どうなるか？」も同じですが、この問いを持たなければ運命を変えることはできなかったでしょう。

すなわち、「運命を変える」ための第一歩は〝問い〟を持つことです。問いを持つことで、運命を変えられるのです。

そう考えると、「人生は問いの結果」なのではないか、と私は思います。

私の場合、高校生のとき「宇宙の秘密を知りたい」という根源的な問いを持ったことがきっかけでした。

大学に入っても、就職しても、その問いは心の片隅から消えることはありませんでした。

実は就職した時点で、「もうそんなことを考えるのはやめよう」と思っていました。しかし、その問いは消えなかったのです。

やがてその問いが私自身を動かし、会社を辞めさせ、不思議研究所を設立させ、さらにトラさんや六爻占術との出会いにつながっていった……。そんな気がするのです。

法則 3

女神はだまされるのが好き

女神はデジタル思考

パソコンをはじめとしたデジタル機器は、「二進法」で計算をしています。

十進法の場合、0、1、2、3、4、5、6、7、8、9、と10個の数字がありますが、二進法には0と1の2個しかありません。そのため、1たす1は2ではなく、10になります。

つまり、「ある」か「ない」かだけのオール・オア・ナッシングの世界で、「半分」とか「七分目」といった中途半端な概念はないわけです。

もともとデジタルとは、「離散した(連続していない)量」のこと。それに対して、「連続した量」をアナログと呼びます。

例えば、時計で考えてみましょう。

アナログ時計の針は常に動いています。パッと見て、「2時47分か」と判断した場合も、正確には「2時47分」か「2時48分」か微妙です。じっくり見ると「47・4分」ということもあるでしょう。

一方、携帯電話に付いているデジタル時計に小数はありません。普段は止まっていて、1分ごとに瞬間的に時刻が変わっていきます。

なぜ、いきなりこんな話をしたかというと、どうやら「女神のいる世界」はデジタルのようなのです。「ある」か「ない」かだけが問題で、量や程度はあまり意識されません。

目に見える現実の世界に生きる我々にとって、同じお金といっても10円と1億円ではまったく意味合いが違います。

今どき10円なんて公衆電話をちょっとかけられるくらいで、缶コーヒーもポケットティッシュも買えません。それに対して1億円あれば、一生とはいきませんが、10年から20年は遊んで暮らせます。

1億円には10円の１０００万倍の価値があるわけですから、とうてい「同じお金」とは思えません。

量は大きな問題です。

ところが「幸運の女神」にとっては、10円も1億円も文字通り「同じお金」なのです。そこにはまったく差別がありません。

大企業の社長も派遣労働者の若者も女神から見れば「同じ人間」であり、差別しないことにも似ています。

女神がある人を気に入り、「お金をあげましょう」と思ったとします。

「道で10円拾う」ことと「宝くじで3億円当たる」ことは、私たち人間にとっては全然違いますが、デジタルの世界にいる女神にとっては「同じようなもの」なので、どっちにするかは女神さまの気分次第です。

たまたま10円が選ばれても悪気はありません。「お金が儲かって嬉しいでしょう?」と無邪気に思っています。

さすが神さま。大物です。

旅行の前には献血がお薦め

数年前、アメリカ旅行の荷造りをしているとき、ハサミをスーツケースに入れようとして、うっかり指を切ってしまったことがありました。

多くの人は「不吉だ」と感じるのではないでしょうか。人によっては、「旅先で事故に遭う前兆ではないか」と不安に思うかもしれません。

このとき、「旅先で無事に過ごせるだろうか？」と占っていたとすれば、確かにこれは不吉な「外応」でしょう。

だけど、このとき私は単に荷造りをしていただけで、何の〝問い〟も持っていませんでした。だから、外応ではありません。

私は逆に「ラッキー！」と思いました。

ここで軽いケガをしたことで、「旅先で事故に遭う」危険が減ったと思ったからです。

女神のデジタル思考は、お金に限ったことではありません。この世のあらゆる局面で、そうなっています。

つまり、「量」や「程度」という概念が乏しいんです。

同じ「事故で血を流す」といっても、「トラックにはね飛ばされて生死の境をさまよう」のと「縫い針で指をちょっと刺してしまう」のとでは、まったく違います。ところが10円と1億円のように、ここでも女神は「同じような事故じゃないの」と見ているのです。

これで私がラッキーと思った理由がおわかりでしょう。要するに、「旅先で事故に遭う」運命も、旅行前に「ちょっとしたケガをする」ことでチャラにしてくれるからです。

この女神の感覚をうまく利用すると、「大きな不幸」を避けることもできます。

例えば、旅行で事故に遭いたくなかったら、出発前に献血がお薦めです。

旅行中、「事故に遭って血を流す」運命だったとしても、献血で「血を出した」

ことで女神は「済」のハンコを押してくれるわけです。

前に「警察に追われている人」がトラさんに相談に来た話を紹介しましたが、実はこのときトラさんがアドバイスした「わら人形を縛って燃やす」という奇妙なおまじないも、この女神の誤解を利用したものでした。

トラさんによると、わら人形は相談に来た人の身代りであり、それを「縛る」ことは警察に捕まったことを意味します。さらに「燃やす」ことは、刑が執行されたことを意味するそうです。

つまり、この一連の奇妙なおまじないによって、その人が持っていた「警察に捕まって刑が執行される」運命に「済」のハンコが押されたわけです。そのため、しつこかった警察の追求があっさり終わったのでした。

金運についても同じことが言えます。ケチな人は意外とお金が貯まらないのは、決して気のせいではありません。「思わぬことで散財する」運命を避けたければ、自分から積極的に他人におごるといいわけです。

デジタル思考で細かいことを気にしない女神から見れば、「詐欺に遭って

１００万円だまし取られる」のも「友達にランチをおごって１０００円失う」のも同じようなこと。どちらも「他人にお金をあげた」と考えています。

それなら、「友達にランチをおごる」方が断然お得だと思いませんか？

１００万円失うはずだったのが１０００円で済んだ上、友達にも感謝され、評判も良くなります。

インフルエンザにかかる前に、予防接種のワクチンを打つのと似ています。

ムダに見える出費

私は年に２回ずつ、不思議なことを求めて中国紀行に行っています。１回につき１カ月くらい、５〜６人のスタッフを連れて中国各地を訪れます。

成果はほとんどありません。ときどき、期待していたようなすごい超能力者や不思議な現象に出会うこともありますが、９割はムダ足といっていいでしょう。

この中国紀行も、私の金運を良くしているのではないかと思っています。

というのも、毎回たいへんな出費をしているからです。中国にいる間、スタッフの宿泊費、交通費、飲食費はすべて私が払っています。1ヵ月でだいたい400万円くらい。それが年に2回ですから、毎年800万円近く使っていることになります。

たまにすごい人や現象に出会えるとはいえ、費用対効果を考えれば、とうてい800万円に見合う価値などありません。

だけど、この「ムダに見える出費」によって、思わぬ散財を防げているように思うのです。もともと株で女神に稼がせてもらったお金なのですから、それほどもったいない気もしません。

どうやら、女神はだまされるのが好きみたいです。

人にだまされるのは不愉快ですが、ミステリー小説を読んでだまされても腹が立ちません。読者としてはむしろ、だまされるのが楽しみです。もしかすると、女神もそんな風に「上手にだましてね」と思っているのかもしれません。

小さな不幸は受け入れる

毎日の生活では、いろいろなことが起きます。すべてがすべて、いいことや楽しいことばかりではありません。

私は人より「運がいい」ので、それほど不幸な目に遭ったことはありませんが、たまには面白くないことだって起こります。

そういう小さな不幸に出会うと、私は「ラッキー！」と思うようにしています。だって、「女神はデジタル思考」なのですから。人間が考える「小さな不幸」も「大きな不幸」も、女神にとっては同じ「不幸」でしかありません。

例えば、風邪をひいて寝込んだときは「これで大病にかかる危険が減った」、自動車を壁にこすって傷をつけてしまったときは「人身事故を起こす危険が減った」、財布を落としたら「大金を失う危険が減った」と考えればいいのです。

そう考えると、毎日の生活がぐっと楽しくなり、大抵のことは笑って受け止められる余裕が生まれてきます。いつまでもクヨクヨしているより、精神衛生上もとてもいいと思います。

考えてもみてください。上には上があるように、下には下があります。

例えば、あなたが背の低いことを悩んでいるとしましょう。世の中には、あなたより背が低い人もいます。

あなたが三流大学出身であることを気にしているとしましょう。世の中には、大学に行ってなくとも優秀で、尊敬されている人もたくさんいます。

あなたが年収の少ないことを悩んでいるとしましょう。世の中には、働きたくても仕事がない人だっています。

あなたが容姿のことで悩んでいるとしましょう。世の中には……もう言うまでもありませんね。

どんな不幸に見舞われても、必ずそれよりひどい状況があり得ます。

だから、「この程度で済んで良かった」と思えばいいのです。「お蔭で大きな不幸をまぬがれた」と、ポジティブに受け止めることです。

不幸な目に遭っても、常に「ラッキー！」と思えるようになれば、まちがいなく幸せになれます。これこそ、確実に幸せになれる方法です。

三振を狙う必要はない

ところで、六爻占術で未来がわかったら、「あらかじめ不幸を避けることもできるんじゃないの？」と考える人もいるでしょう。

確かにできないこともありません。しかし、それはリスクが高い方法なのです。いくら「運がいい」人でも、一生の間、あらゆる不運を避け続けることはできません。「運がいい」というのは相対的なもので、絶対的に運がいい人はいないと最初に話した通りです。

運命は1割だけ変えられますが、9割は決まっています。つまり、不幸な出来事を少しだけ減らすことはできても、決してゼロにはできないのです。

再び川下りの例で言えば、不幸は岩のようなものです。岩と同じく、不幸にも大きなものも小さなものもあります。パドルを巧みに操ってすべての岩を完璧に避けようとすると、思わぬところでバランスを崩して転覆、という危険もあり得ます。

なにしろ、まったく岩にぶつからずにゴールできる人はいないのですから。

誰でも必ず何回かは岩にぶつかります。

ただし、岩の大きさは人間が気にすること。デジタル思考の女神は、岩の大小は問いません。だから、ダメージが少なそうな小さい岩にはどんどんぶつかって、女神を納得させればいいわけです。

野球のピッチャーだとすれば、無理に三振を狙う必要はありません。バックの仲間を信頼して、どんどん打たせましょう。要はバッターをアウトにできればいいのです。ヒットを打たれても、点さえ取られなければいいのです。

逆境のときこそチャンス

長い人生の中には、徹底的についてない時期もあります。

仕事で大きなミスをして上司に叱られ、その後のデートで恋人とケンカをしてしまい、家に帰ったら途中で鍵を落としていた、とか。そこまで極端でなくても、悪いときに悪いことが重なることは少なくありません。「泣きっ面にハチ」というやつです。

そんなとき、多くの人は「ツキに見放されている」と判断して、しばらく危険を避けて平穏に過ごそうとします。

でも、本当はこういうときこそチャンスなのです。

繰り返しになりますが、「運の良さ」はあくまで相対的なもの。絶対的に運がいい人も、絶対的に運が悪い人もいません。どんなに「運がいい」人でも運に見放された日はあり、他の人より「運がいい日が多い」人が、「運がいい」と言われるだけなのですから。

その意味で、「禍福はあざなえる縄のごとし」（不幸と幸福はかわるがわるやって来る）という格言は真理です。

くじ引きをイメージするといいでしょう。

箱の中には「幸運」の白いボールと「不運」の黒いボールが入っています。その内訳は必ずしも平等ではありません。白いボールが62個、黒いボールが38個用意されている「運のいい」人もいれば、白いボールが43個、黒いボールが57個の「運の悪い」人もいます。平等ではないといっても、せいぜいその程度の差でしかありません。

白が50個、黒も50個入った箱を持っている人を例に取ってみましょう。

まず、「仕事でミスして叱られた」で黒いボールを1個、「恋人とケンカした」でもう1個、「鍵をなくした」でもう1個。この時点で黒を3個拾ったことになります。

残りは白が50個で黒が47個ですから、次は白を引く確率の方が高くなります。再び黒を引いたとすると、その次に白を引く確率はもっと高くなります。

もっとシンプルに、白と黒が5個ずつ入った箱で考えれば、すぐにわかります。

1回目で白を引く確率は10分の5ですから50パーセントです。そこで黒を引いた場合、2回目で白を引く確率は9分の5ですから55・6パーセント。さらに黒を引いてしまった場合、3回目で白を引く確率は8分の5で62・5パーセントになります。

このように、白と黒の数があらかじめ決まっている場合、黒を引けば引くほど、次に白を引く確率は高くなっていくわけです。

ということは？

そう、悪いことが続けば続くほど、いいことが起こりやすくなります。

運命が決まっていなかったら

ところで、これは「運命が９割決まっている」から成り立つ理屈です。多くの人が思っているように、運命がまったく決まっておらず、明日何が起こるかわからなかったら、こうはいきません。

その場合はルーレットの赤黒賭けをイメージするといいでしょう。赤が「幸運」で黒が「不運」です。

確かに、黒が３回続けて出る確率は低いです。

２分の１×２分の１×２分の１で８分の１。つまり、12・５パーセントしかありません。

４回続けて出る確率はさらに低く、６・25パーセントになります。しかし、ここで注意していただきたいのは「４回続けて黒が出る」ことは十分あり得るということです。

なぜかというと、黒が何回続こうが、「次に黒が出る」確率は常に50パーセントのままだからです。

４回続けて黒が出る確率は確かに10パーセントもないのですが、３回続けて出てしまった時点で見れば、次にまた黒が出る確率は50パーセントあります。「次こそ白が出る」確率は、ちっとも高くなりません。これがあらかじめボールの数が決まっているくじ引きとの違いです。

つまり、「運命が決まっていない」場合、いくら悪いことが続いても、いいことが起こる確率は高くなりません。

「運命が9割決まっている」からこそ、悪いことが続いたとき、明日に期待できるようになるわけです。

法則 4

女神はとってもシャイな性格

女神は遠回しに回答する

前にも触れたように、「幸運の女神」はストレートな願望が嫌いです。

普段はなにもひっかけないくせに、たまたま神社に来たときだけ手を合わせて願いをかなえてもらおうなんて、厚かましいにも程があります。そもそも女神は、厚かましい人、頭の悪い人、無神経な人が大嫌いなのです。

だから、「お金持ちになりたい」と思い、いつもお金儲けのことばかり考えて目をギラギラさせているような人には、決して振り向きません。あまり欲望を表に出さず、淡々としている〝草食系〟の人が好みのようです。

日本の社会も欧米化が進み、自分の意志をはっきりと伝えることや、自分の長所を積極的にアピールすることが大切とされるようになってきました。

でも、こういう態度は多民族がひしめき、言葉が通じないことも多い大陸ならではのもの。長いこと島国で暮らしてきた日本人には、どこか抵抗があります。「以心伝心」「秘すれば花」「目は口ほどにものを言う」といった言い回しからもわかるように、逆に一から十まで細かく説明するのはヤボ、という奥ゆかしい美意識を持っています。

どうやら女神は、このような古き良き〝日本的メンタリティ〟をとても大切にしているようなのです。

例えば、平安時代の貴族は恋をすると手紙を出しました。手紙といっても、「あなたが好きです！」「付き合ってください！」など、中学生のラブレターのようなベタな告白は決してしません。しっかりと形式を踏まえた美しい和歌を作り、その中に秘めた想いをそっと忍ばせるのです。手紙をもらった相手も同じように、返歌を作って返します。教養がない人がその歌を読んでも、作者の真意はわからないでしょう。

この平安貴族と同じように、女神も遠回しにメッセージを伝えます。六爻占術に代表される「占い」など、最たるものです。常識で考えれば、そのときたまたま出た「コインの目」と「未来の出来事」は何の関係もありません。ところが、現実に9割近い的中率があります。科学では説明のつかない現象です。

なぜ当たるかといえば、女神がコインを引っくり返して教えてくれるから。前にも書いたように、女神は〝問い〟を出すと一生懸命答えてくれようとするのですが、ストレートに「こうするといいでしょう」と答えてくれることは滅多にありません。コインや「外応」を使って遠回しに答えます。

女神は遠回しに回答する――。私はときどき「なぜだろう?」と考えることがあります。ひとつには、テストする気持ちもあるのだと思います。平安時代の和歌のように、わざと遠回しな表現をすることによって、頭が良くて、神経の細やかな人にだけ答を教えてやるというような。

もしかすると、自分が好意を持っている相手にストレートに答を教えてあげるのが「恥ずかしい」のかもしれません。

ツンデレな女神は、とってもシャイな性格をしているのです。

女神は偶然を装ってやって来る

「偶然から何かを発見する能力」のことを「セレンディピティ」と呼びます。

占い師には、この能力が欠かせません。

なぜなら、「女神は遠回しに答える」からです。偶然を装って、大切なことをそっと教えてくれるのです。

あることを六爻占術で占ったとき、同じ卦が出ても占い師によって異なる未来が見えることがあります。例えば、「外応」。私の六爻占術の師匠であるトラさんこと王虎応さんは、「卦よりも外応が大事」だと言います。

いかに的確に外応を読めるか、ここに占い師の実力が表れるといっても過言ではありません。

もう一度、前に紹介した「重病の息子を持つ母親」の例で考えてみましょう。

まず、六爻占術で占った結果、その卦は絶望的なものでした。そのとき突然、雷が鳴り、激しい夕立が降り始めました。これが外応です。私だったら悪い外応と受け止め、「いよいよ助からない」と判断したでしょう。

ところが、トラさんはこの雷雨を「吉」と判断し、「意外なことで一命をとりとめる」吉兆と見たのです。

結果はトラさんの言った通りになりました。これが外応を読む力、すなわちセレンディピティです。

トラさんと一緒に中国の田舎の空港に行ったときも、印象に残る出来事がありました。

私たちは深夜の12時半に飛ぶ飛行機に乗る予定でした。「そんな真夜中に、ちゃんと時間通り飛ぶのかな?」と話しながら空港の食堂に入った瞬間、天井から吊り下げられた扇風機にトラさんが頭をぶつけ、その扇風機が止まってしまったのです。

それを見てトラさんは、「飛行機、故障するね……」と言いました。実際その通りになり、１時間ほど出発が遅れたのです。

このセレンディピティは、人間が持っている能力のひとつです。「筋力」や「企画力」などの能力と同じく、生まれつき個人差がありますが、やはり他の能力のように鍛えて伸ばすこともできます。

もっとも大切なのは心の持ち方です。

考えてもみてください。六爻占術で何かを占うとき、コインの目を読むことばかりに集中して頭がいっぱいだったら、どうでしょうか？

近くで誰かが笑っても気がつかないし、突然雨が降り出しても気がつかないかもしれません。これでは、外応など何もキャッチできないでしょう。

どんなときもリラックスして、周りを見る余裕を失わないことが大切なのです。

笑顔の写真を飾る

外応の原理をうまく利用すると、「運を良くする」こともできます。意識的に「きれいな風景」や「美しい音楽」に触れる機会を多くするのです。心の中に「あれはどうなるだろう?」という〝問い〟が生まれたとき、いい外応に出会える可能性が高くなります。

つまり、きれいなもの、快適なものに触れることで運が良くなるわけです。

今朝の通勤中、電車の窓から見えた風景を覚えていますか? 忙しい現代人は、意外と景色が目に入っていないものです。

外の風景は外応、すなわち未来からのメッセージにあふれています。ポジティブなメッセージに触れれば、それだけ運命は好転していきます。運が良くなり、9割決まっている運命の残りの1割が変わっていくのです。

だから外に出たら、積極的に美しいものを探しましょう。

住宅街の庭に咲いている季節の花に目を止め、ふと流れてきた美しいメロディーに耳を傾けるのです。

私は寝室に自分の笑顔の写真を置いています。目を覚まして、「今日はいい日だろうか?」という〝問い〟を持ったとき、すかさずその写真が目に入るようにしているのです。

笑顔の写真は、自分のものでなくても構いません。恋人や芸能人など、自分が好きな人なら誰の笑顔でも効果があります。簡単な方法なので、ぜひ試してみてください。

最後に俗っぽいことを言えば、きれいな異性を見ることも効果的です。昔のオヤジが言った「眼福」というのは決してバカにできません。男性は美女を見ると運が良くなり、女性はイケメンを見ると運が良くなります。

例えば私の場合、ＮＨＫ教育で早朝に放送している『テレビ体操』がお気に入りで、ＤＶＤまで買いました。朝っぱらから若い女性たちが派手なレオタードを着て体操をするという素晴らしい番組で、見ているだけでバッチリ目が覚め、やる気が出てきます。

ＮＨＫさんには、女性向けにイケメンお兄さんたちのバージョンも検討してほしいところです。

3回悪いことが続いたらチャンス

「ツーテンジャック」というトランプのゲームをご存じですか？

プラスとマイナスのカードがあり、最終的にもっとも獲得点数が高い人が勝ちになるというゲームです。ひとつ面白いルールがあり、誰かひとりがすべてのマイナス・カードを集めるとマイナスがプラスに、逆にすべてのプラス・カードを集めるとマイナスになってしまいます。

まさに、過ぎたるは及ばざるがごとし――。悪すぎるのは良く、良すぎるのは悪い。

何事もやりすぎは良くありません。

中国の占いにもまったく同じ考え方があり、これを「太過（たいか）」と呼びます。

ストレートな表現が嫌いな女神ならではの、一筋縄ではいかないメッセージです。「イヤよイヤよも好きのうち」とか、「好きな女の子をいじめたくなる」みたいな心理でしょうか。

２４００万円も安く買えた

ニッセンの株で儲けた後、下北沢に土地を買った話を前にしましたが、これは入札で手に入れた土地でした。

入札価格は１００坪で1億７６００万１００１円。後から隣接する50坪の土地を買ったら1億３０００万円でしたから、非常に安く買えたことになります。この入札の日が、絵に描いたような太過でした。

この1億７６００万１００１円という半端な値段は、六爻占術ではじき出した数字です。

しかし念のため、当日は1億８０００万円と書いたものと2億円と書いたもの、合計３枚の入札用紙を持っていきました。

家を出たときから、頭の中は「本当に1億7600万円で買えるだろうか?」という不安（問い）でいっぱいです。

最初は入札会場に向かう地下鉄の中でした。近くにいた女の人たちが口ゲンカを始めたのです。明らかに「不吉な外応」です。

予定よりも早く会場に着いたので、近くの喫茶店でモーニング・サービスを食べたところ、お釣りをまちがえられて文句を言いました。またしても、「不吉な外応」です。

この時点で、私はすっかり不安になってしまいました。

確かに六爻占術では「1億7600万1001円で買える」という卦が出ましたが、この値段は周辺の地価と比べてあまりに安く、また「卦よりも外応が大事」というトラさんの言葉もあります。いくらいい卦が出ても、外応がダメならダメなんです。

どうしよう。やっぱり2億円にしておこうか……。

すっかり弱気になって会場に入ると、携帯電話に妻からのメールが入りました。

「庭の木が道路にはみ出しているぞ」と、近所のオヤジが怒鳴りこんできたとのこと。誰が見ても「不吉な外応」です。

この瞬間、私の頭に「太過」という言葉がひらめきました。いける！――と判断したのです。

一般に３回も悪い外応が続けば、それは太過です。

すなわち、逆にツキが来る。３回悪いことが起きたときは、運命好転のチャンスなのです。

私は思い切って、予定通りいちばん安い価格を出しました。すると見事ギリギリで勝ち、入札できたのです。

太過という概念を知らなければ、弱気になって2億円を出していたでしょう。それでも入札はできたわけですが、結果的に２４００万円も安く買えたことになります。

この金額はバカにならないと思いませんか？

「迎え酒」のような裏ワザ

長年飼っていた愛犬のフェルルが12歳半で死んだ日は逆の太過でした。

年齢が年齢ですから、もう寿命だったのだと思います。それでも六爻占術で運命を好転させ、半年ほど延命させせました。

さすがに死を避けることはできませんが、運命は1割だけ変えられますから、少しだけ寿命を延ばすことも不可能ではありません。本来なら12歳で死ぬはずだったんです。

ある日、いつものように占ってみると、非の打ちどころのない卦が出ました。一見、これで病気が治るんじゃないか、というような見事な卦です。

これが太過だったのです。フェルルはその日、天国に旅立っていきました。

私の今年（2009年）の年運も太過でした。六爻占術の専門用語で言えば、「忌神（きしん）が強すぎる」のです。

通常、忌神があると、そのパワーを弱める置物を使います。でも、太過になっている場合は弱めると逆効果ですから、逆にさらに忌神を強くしてやりました。二日酔いのときの迎え酒のような荒療治ですが、これが効を奏したようで何も悪いことは起きていません。

繰り返しますが、「３回悪いことが続いたとき」は運命好転のチャンスです。悪いことが続いて滅入っているとき勝負に出るのはキツイものですが、ひるまず勝負してください。

悪い外応が２回続いたら、いっそ指を切るなどして、自分で３回目を作ってしまってもいいかもしれません。

必要な人物をさりげなく紹介してくれる

人間の出会いというのは不思議なものです。

例えば何年も前、ひょんなことで知り合った人がいたとしましょう。それから長いこと音信不通だったのに、大きな仕事を手掛けることになったとき、たまたまその人と知り合いだったお蔭でスムーズに仕事が進むことがあります。

また、それほど親しくもなかった高校の先輩がいたとしましょう。10年くらい経ってから街でバッタリ再会。そのとき一緒にいた会社の同僚を紹介してもらい、やがてその人と結婚した――ということもあります。

どちらの場合も、最初に出会ったときは予想できなかった未来です。当時は何とも思わなかったのに、後から振り返ってみると、その人が自分の人生の上でとても重要な人物だったことがわかります。

このような出会いは、決して偶然なんかではないと私は思います。

女神は気に入った人間の潜在意識を読み、なんとか力になってあげようとします。でも、直接何かしてくれるわけではありません。自分に代わってその人を助けてくれる人物を紹介することで、間接的に助けてくれるのです。

シャイで遠回しが好きな女神のことですから、紹介の仕方もあくまでさりげないものです。

例えば結婚相手の女性を紹介してくれるとき、お見合いのセッティングが好きなオバサンのように「どう、いい人でしょう？　○○女子大を卒業した才媛だし、美人だし、お料理も得意なんですって。こんなに条件のいい人、なかなかいないわよぉ」などと押しつけがましいことは言いません。

ぶっきらぼうな女友達のように「あ、彼女は○○さん。よろしくね」と素っ気なく紹介するだけです。その人との出会いがいかに大きかったか、後からわかるようになっています。

私にもそんな出会いがいくつかあります。妻との出会いもそうですし、トラさんもそうでした。

中でも複雑な縁で結ばれていたと思うのは、作家の山川健一さんです。

30年ぶりの再会

山川さんは小説家であるだけでなく、アメーバブックス新社という出版社の取締役編集長を務めており、そこで私やトラさんの本も出版しています。私にとって、とても重要な人物のひとりです。

一緒に仕事をするようになったのは2008年からですが、実はずっと前、30年ほど前から面識はあったのです。

きっかけは妻が見た夢でした。

当時、妻は大学を卒業したばかりで、まだ私とは結婚していません。親しく付き合ってはいましたが、まだ大学の後輩でしかありませんでした。

ある夜、妻は作家の五木寛之さんの夢を見て、彼の小説を読み始めました。売れっ子作家ですから名前や顔は知っていたけど、それまで作品を読んだことはなかったそうです。たちまちファンになり、五木さんがＤＪを務めていた『五木寛之の夜』というラジオ番組にファンレターを出すようになりました。

何回か読んでもらったそうですから、五木さんも印象に残ったのでしょう。サイン会に行って挨拶すると気に入られ、やがて地方の講演などに同行するようになったのです。

その当時、五木さんのカバン持ちのような立場で、同じように講演に同行していたのが山川さんです。山川さんは五木さんが目をかけていたデビュー間もない新進小説家でした。同年代の妻はすぐに親しくなり、やがて私にも紹介してくれました。これが私と山川さんの初めての出会いです。

私はコンピューターメーカーを辞めて自分の会社を作ったばかりの頃でした。３人で飲んだのですが、まったく話が合わなかったことを覚えています。それから長いこと、30年近くもの間、山川さんとの接点はありませんでした。

再会したのは２００７年のことでした。

あるＰＲ会社の社長が私の本を読んで気功師の若山敏弘さんを知り、長年苦しんでいたアトピー性皮膚炎を気功で治してもらいました。その社長が山川さんのアメーバブックス新社から本を出すことになり、出版記念パーティーに私を呼んでくれたのです。

山川さんは何十年も前に会った私のことを覚えていましたが、作家の自分とは縁のない青年実業家という印象しかなかったようです。「不思議研究所」をやっていると話すと、とても驚いていました。

それから半年ほどして、メールを送ってきたのです。私の本は全部読んだ、ウチからもぜひ出さないか、という内容でした。そんな経緯があって山川さんと深く付き合うことになりましたが、彼との出会いが単なる偶然とは思えません。

発端は妻が見た五木さんの夢でした。妻、五木さん、若山さん、ＰＲ会社の社長など、私と山川さんの間には何人もの人物が配置されています。

すべては女神が仕組んでくれた伏線だったのだと思います。

五行説とは

易、風水、四柱推命など中国の占いは、すべて「五行説（ごぎょうせつ）」を判断基準としています。

これは東洋哲学の基本的な概念であり、占いだけでなく、東洋医学や中国拳法など、中国で生まれたほとんどの思想や技術体系のベースにある理論です。

ひとことで言えば、「5つの要素で世界の成り立ちを説明する原理」ということになります。約2500年前に生まれたそうですが、誰が作ったのかはわかっていません。いや、正確には人間が作った原理ではなく、太陽や月のようにもともと存在していたものを誰かが〝発見〟したわけです。

五行説では、「木」「火」「土」「金」「水」の5つの要素で世界が成り立っている、と説明します。西洋占星術の「地」「水」「火」「風」にも似ていますが、もっと奥が深く、それぞれの性格だけでなく、関係もしっかりと確立されているのが大きな違いです。

それぞれの要素の間には、親子のような「相生（そうせい）関係」と天敵のような「相剋（そうこく）関係」があります。

まず、「木」は激しい風に吹かれると「火」を生じて山火事を起こします。つまり、木が火を生むわけです。これを「木は火を生じる」といいます。

「火」は燃え終わった後に「土」を残します。これを「火は土を生じる」といいます。

「土」は長い年月の間に「金」を作ります。これを「土は金を生じる」といいます。

気温が下がると、金属の上に水滴ができます。これを「金は水を生じる」といいます。

水分があるところから植物が生えてきます。これを「水は木を生じる」といいます。

現代人には非科学的に見える部分もあります。火の燃えカスと土は違うし、水

五行説

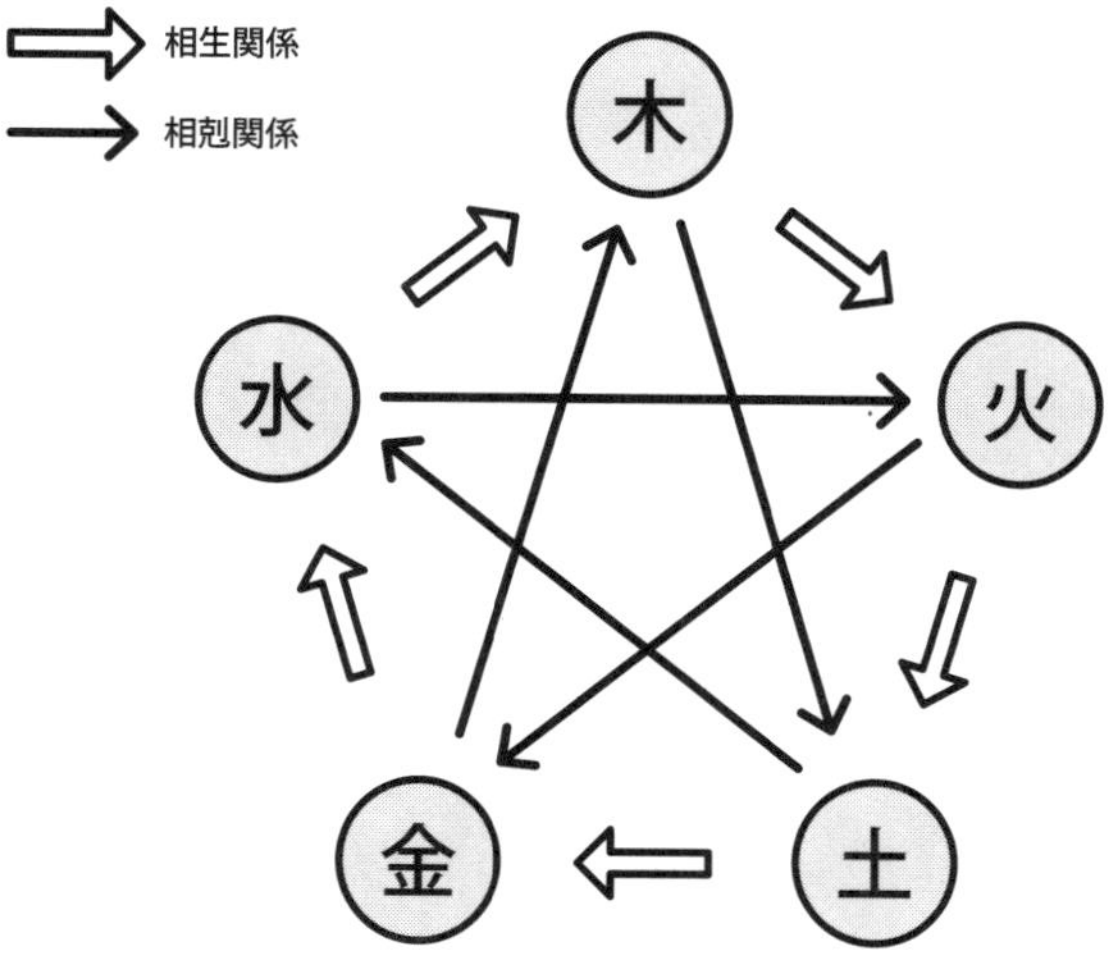

は金属から生まれるわけではありません。だけど、そういう化学的な理屈ではないのです。

要するに、世界を構成する５種類のエネルギーがあり、ひとつがひとつを生み出し、全体で輪の形を作る関係になっている。それぞれのエネルギーの性格を「火」や「水」という目に見える物質で表現したもの、と理解してください。

ちなみに一週間の曜日は「火・水・木・金・土」という順番ですが、五行説の場合は「木・火・土・金・水」で「モッカドゴンスイ」と呪文のように覚えておくと、一発で相生関係がわかります。

この相生関係に加え、前述した相剋関係があります。

「火」は「金」を溶かすので「火は金を剋する」。

「金」は斧になって「木」を切り倒すので「金は木を剋する」。

「木」は「土」の養分を吸収して育つので「木は土を剋する」。

「土」は堤防になって「水」の氾濫を抑えるので「土は水を剋する」。

「水」は「火」を消すので「水は火を剋する」。

五行を相生関係の順番に並べて円を描いた後、矢印で相剋関係を書き加えてみてください。きれいな星の形になります。一筆書きで描ける星の形で、「五芒星」と呼ばれる図形です。

なお、夢枕獏さんの小説で有名になった陰陽道でも五行説は重要で、そのため陰陽師の安倍晴明は五行説を象徴する五芒星を家紋としていました。

こうやって図に描いたときの美しさが、五行説という原理の完成度を示しています。

それぞれの要素にとって、他の4つが〝すべて異なる関係〟になっているのが大きな特徴でしょう。

「木」にとって、「火」は生んでやる相手、「土」は襲う相手、「金」は襲われる相手、「水」は生んでくれる相手、と見事にバラバラになっています。

世界は間接的に動いている

五行説の相生・相剋関係を図に描いてみると、「ギブ・アンド・テイク」のような双方向の関係がひとつもなく、すべての関係が一方通行になっていることに気付きます。

実はこのような関係を構築できる最小の数字が「5」なのです。例えば4つの要素で相生・相剋関係を作ろうとすると、必ずどこかで双方向の関係ができてしまいます。

「木」は「火」を生みますが、その「火」は「土」を生み、自分を生んだ「木」には何もしてくれません。また、「火」は「金」を攻撃しますが、「金」はその「火」を無視して「木」を攻撃します。

相生関係を「ランチをおごる」ことと考えてみましょう。「木」は「火」におごりますが、「火」は「木」に直接お礼をせず、第三者の「土」にご馳走します。それがぐるりと回って、最終的に「水」が「木」におごってくれるわけです。文字通りの「遠回り」であり、とても間接的な関係になっています。

実はこれこそ世界を動かしている原理であり、女神もこの原理に従って動いています。

現代人は見返りを期待して行動することが多いですが、必ずしも期待した見返りが返ってくるとは限りません。

例えば学生時代、しょっちゅう世話を焼かされた友人はいませんでしたか？ お金がないというからアルバイトを紹介してやり、ときには現金も貸してやり、試験の前になるとノートも貸してやる。ところが、その見返りがまったくない。その人と付き合っても自分には何のメリットもなく、一方的に損しているような気になってきます。

しかし、よく考えてみてください。あなただって誰か他の人のお世話になったこともあったはずです。あなたが誰かにしてあげたことは、回り回って意外なところから返ってきます。これこそ、五行説が示している真理です。大きな目で見れば、決して損なんかしていません。

だから——。金運を上げようと思ったらケチケチせず、積極的に他人におごったほうがいいのです。

おごってあげた相手から直接の見返りがなかったとしても、あなたが払ったお金は回り回ってあなたに返ってきます。まさに、「金は天下の回りもの」。出費を抑え、他人のためにお金を使わないようにすると、お金が入ってくる機会も少なくなってきます。

また、お金儲けをしようと意識して行動すると、お金が儲かっても意外と幸せにはなれません。直接的に金運を上げようとすると、エネルギーが引っ張られて「楽しみ」が減ってしまいます。それよりも自分が楽しいと思うことをしていると、自然と金運も良くなり、お金が入ってくるようになります。つまり、お金儲けも間接的なほうがいいんです。

昔から「英雄、色を好む」といいますが、エネルギッシュに人生を楽しんでいると、自然と金運も上がってくるわけです。

存在するだけでいい

世界が間接的に動いていることは、私たち日本人も昔から知っていたのでしょう。それを示す言葉が「お蔭さま」です。

「体調はいかがですか？」と聞くと、「お蔭さまで」と答える方がいます。目の前の相手と自分の体調に直接の関係はないでしょう。しかし、その人の存在や行動が回り回って、間接的に自分の健康にかかわっている可能性はあります。

あるいは、「お蔭さまで」というお礼は目の前の相手ではなく、その「蔭」にいる「幸運の女神」に言っていたのかもしれません。いずれにせよ、「お蔭さまで」という奥ゆかしく美しい日本語は、どんどん使ったほうがいいと思います。

大阪では買い物をしてお金を払うとき、「ありがとう」「おおきに」と言うそうです。商品の対価にお金を払ったわけですから、本来お礼を言う必要はありません。だけど、女神はそういう謙虚な人が大好きです。たまに神社に行ったときも願望を祈るのではなく、「元気に生活させてもらって、ありがとうございます」とお礼を言うと運が良くなります。

五行説が示す真理を知ったとき、私はとても楽な気持ちになれました。他人との関係がもともと間接的なものであれば、私は「存在するだけでいい」からです。人に何かしてもらったら、素直に感謝して「ありがとう」とお礼を言うだけでいいのです。「借りができた。返さなければ」などと思う必要はありません。

人に何かしてあげたとき、期待した見返りがないと不愉快な気持ちになります。でも最初から見返りなど期待しなければ、イヤな気分になることもありません。

無理に「人に親切にしよう」などと思わなくてもいいのです。あなたが存在し、生きているだけで、間接的に他人の役に立ち、知らないところで迷惑をかけています。

ありのままを受け入れる――。それだけでいいのです。

ラッキーカラーの見つけ方

世界に存在するものは、すべて五行のどれかに分類されます。それぞれの五行に、対応する色、方角、季節、味、十二支などがあります。

色の場合、「木」は青、「火」は赤、「土」は黄色、「金」は白、「水」は黒。季節の場合、「木」は春、「火」は夏、「土」は季月（一年を春夏秋冬に四分した各3カ月の最後の月）、「金」は秋、「水」は冬に対応します。相生・相剋関係に加え、このことも中国の占いや東洋医学では重要な意味があります。

前に紹介した「パンツの色を当てる占い師」は、基本的にはこの五行説の理論を使い、相手の座った方角からパンツの色を割り出していたわけです。

伊勢神宮には、皇室が奉納した「五色(ごしき)の絹」というものがあるそうです。青、赤、黄、白、黒の五色がそろっているとバランスが取れて安定し、事故や災害が起こりにくくなります。事故に遭わないように、私も車のダッシュボードに五色のシールを貼っています。

ひたすら安全に過ごそうと思ったら、このように五色そろえるのがいいのですが、「仕事で頭角を現す」など、大きな成功を目指す場合には逆にバランスを崩すことが必要になってきます。

ひとつの要素を突出させ、パワーをもらわなければなりません。それが「ラッキーカラー」です。

五行は毎日変わるので、日によってラッキーカラーは異なります。

ただし、自分の生年月日から正確に毎日のラッキーカラーを見つけるのは大変です。また、厳密には「金運を上げる色」「恋愛運を上げる色」「健康運を上げる色」はそれぞれ違います。例えば金運を上げようと思って赤い服を着ると、それで健康運が下がることもあり、結構ややこしいわけです。

そこで私は「ワンブレス・テクニック」という簡単な方法を愛用しています。

大きく息を吸い、大きく吐く――。それだけです。

	木	火	土	金	水
五色	青	赤	黄	白	黒
五方	東	南	中央	西	北
五時	春	夏	季月	秋	冬
五臓	肝臓	心臓	脾臓	肺	腎臓
五味	酸っぱい	苦い	甘い	辛い	塩辛い
十二支	寅・卯	巳・午	辰・未・戌・丑	申・酉	亥・子

息を吐いた瞬間、頭に浮かんだ色がその日のラッキーカラー。なお、五行説では「緑」は「青」と一緒とされます。

このワンブレス・テクニックという言葉は、もともと「体外離脱」の研究をしているアメリカのモンロー研究所で教えてもらったものです。モンロー研究所では、「息を吐いたときはリラックスし、未来の情報につながりやすくなる」と説明しています。

旅行に行くときは五色（青、赤、黄、白、黒）のＴシャツを持っていき、毎朝ワンブレス・テクニックで浮かんだ色のＴシャツを着ています。

3日続けて「白」が浮かぶと、もう白のシャツは着たくないと思います。そんなときは五行の相生関係を知っていれば、選べる色が増えます。白は「金」で、「土は金を生じる」ですから、白（金）を生んでくれる黄色（土）を選んでもいいわけです。

ついでに五行の色を使って、その日の運を良くする方法も教えましょう。

元気が出ない日や何をやってもうまくいかない日には、そのとき着ている服を見てください。全体に黒っぽければ、黒（水）が自分を剋しているのかもしれません。「水」が剋するのは「火」ですから、その日のあなたは「火」ということ。「火」を生じるのは「木」なので、青か緑の小物を持ち、「運命改善せよ」と念を送ります。青か緑色をした小物なら何でもよく、葉っぱを1枚ポケットに入れるだけでも構いません。

一日の終わりにはその小物を取り出し、「お疲れさま」と停止の念を送ってやります。翌日のラッキーカラーは変わるので、緑（木）が邪魔するかもしれないからです。

法則 5

女神に好かれるには〝外見〟が大切

内面を変えるのは難しい

小学生の頃、いつも通信簿に「オッチョコチョイ」だと書かれました。

成績はそれほど悪くなかったのですが、国語の場合は誤字脱字、算数の場合は単純な計算ミス、といったケアレスミスが多いのです。

もちろん、私だって自覚はしていました。きちんと問題の解き方を理解しているのに、つまらないミスでマルがもらえないのは子供心にも悔しいものです。ときには、「ケアレスミスさえなければ１００点だったのに……」ということもありました。

オッチョコチョイな性格を直そう、と心がけました。なにしろ毎回書かれるし、その度に親にも言われるのですから、意識せざるを得ません。

ところが、ダメなのです。

「あわてず、慎重に」と頭では思っていても、いざテストを受けると同じようなミスを繰り返してしまいました。つまり、直らないのです。むしろ、意識すればするほど、ミスが多くなるようでした。

やがて、私は諦めてしまいました。「僕はオッチョコチョイなんだ。しょうがないや」と、自分の欠点を受け入れ、あまり気にしないことにしたのです。すると、不思議とミスをしなくなっていき、結局そこそこ名の知れた大学にも入ることができました。

20代の頃は、「つまらないことでウソをつく」自分が嫌いでした。

人前に出ると、ついカッコをつけようとして、事実ではないこと、大げさなことを口走ってしまうのです。今になって思えば、当時の私がついたウソなど他愛ないものばかりで、それで誰かに迷惑をかけたわけでもありません。それでも、潔癖な年頃ということもあってか、そんな自分が許せず、「正直な人間になりたい」と思っていました。

結果は少年時代と同じです。「欠点を直そう」と意識すると、どうしてもうまくいきません。むしろ「ウソはいけない」と意識している分、小さなウソにも敏感になり、自分がいつもウソをついているような気分になって落ち込みました。

欠点を受け入れる

かつての私に限らず、自分の欠点を気にしている人は多いと思います。でも、持って生まれた性格を直すのは、とても難しいことです。

不思議な現象を研究していくうちに、私はその理由がわかりました。

私は「原因」ではなく、「結果」だったのです。私は外部のあらゆる出来事の「結果」として存在しています。まず、そのことを知るべきだったのです。

なぜなら、運命は最初から9割決まっているのですから。

あなたが「背が低く、髪が黒い日本人」として生まれたことは、あなたの責任ではありません。それと同じように、あなたの性格もあなた自身が作ったものではありません。生まれる前から決まっていたもので、だから意識して直そうと思っても簡単には直らないのです。

大切なのは、今の自分をありのままに受け入れることです。

肉体的な欠点、性格上の欠点、能力上の欠点。すべて丸ごと認め、「それが自分だ」と受け入れるのです。

あなたは世界にひとりしかいない貴重な存在です。あなたが気にしている欠点だって、あなたという人間には欠かせない要素になっているのです。

成長しなければいけない、と思う必要もありません。「成長」という言葉には、今の自分を否定する気持ちが入っています。あなたは今のままで完成されているし、あらかじめ決められた自分を変えることなどできないのです。

また、自分の内面だけ見ている人は「外応」をキャッチしにくくなります。

反省ばかりして、外に目を向けようとしない人を女神は好きではありません。

「もっと私を見てほしい」「私の存在を気にかけて」と思っているのです。

大切なのは〝外見〟だった

私の世代の男性には、「男がチャラチャラとオシャレに励むもんじゃない！」と考える人が少なくありません。

私自身も40代まではそう思っていました。男の価値は外見ではない。大切なのは中身である、と。

しかし、不思議研究所を作り、「私は結果」だとわかってから、その考えがまちがっていたことに気が付きました。

「私は結果」である以上、〝外見〟はとても大切です。外側とのつながりが私を作るわけですから、外見が変われば自然と内面も変わります。

「心の美しさは顔にも表れる」なんて言う人もいますが、そんなのはウソです。きれいではない人を慰めるおためごかしに過ぎません。

あまり好きな言葉ではありませんが、順序としては「健全な精神は健全な肉体に宿る」のほうが正解です。

実際、いつも同じような髪型で、同じような服を着ていると、運命が変わることは少なくなります。運命を変えたいと思ったら、まず〝外側〟を変えてみましょう。

私はそのことに気付いてから、オシャレを心がけるようになりました。髪型を変え、服に気を遣うようにしました。

すると、どうでしょう。長年ほとんど変わらなかった会社の売り上げが伸び始めたではありませんか！

性格の欠点を見つめ、反省する必要などありません。そんなヒマがあったら、外見を気にして、オシャレに励んだほうがよっぽど効果的です。

「会社員だからスーツ以外は無理だ」という人は、ネクタイやシャツに気を遣ってみてください。

前に紹介したワンブレス・テクニックを使い、頭に浮かんだラッキーカラーのネクタイを選ぶのです。たったそれだけのことで、運は良くなります。

心みがくな、顔みがけ——。

読者のみなさんにこの言葉を送りたいと思います。

女装したら女性ホルモンが増えた！

中国に「生まれ変わりの村」と私が呼んでいる村があり、そこには「前世の記憶」を持った人がたくさんいます。前世が「クレオパトラだった」とか「関羽の家来だった」という人はおらず、ほとんどの人は今とあまり変わらない庶民だったようです。

その中に、前世と性別が変わった人がいました。つまり、前世は女性だったのに、現世では男性として生まれてきたというのです。

なんだか性転換したような感じですが、その人が言うには、「女性だったときは男性が好き」で、「男性になった今は女性が好き」になったそうです。

私はこの話を聞いて、とても興味を持ちました。

魂に性別はないのでしょうか？　女性の肉体を持っていたときは男性を好きになり、男性の肉体を持つと女性を好きになる――。ということは、まさに外見の変化に合わせて、内面まで変わったことになります。

好奇心を抑えられなくなった私は、実験してみることにしました。つまり、思い切って女装して街に出てみたのです。

ちなみに私がニッセンの株に興味を持ったのは、この実験のときニッセンの通販で女物の服を買ったからでした。その意味では、株で大儲けしたきっかけは女装だったのです。

なお、これはあくまで短期間の実験であり、今はやっておりませんので悪しからず。

初めて化粧したときは、自分の顔が母親そっくりになって驚きました。息子の顔は父親よりも母親に似る、という俗説は本当のようです。

化粧をすると確かに気分が変わります。私の経験では、口紅よりもアイメイクをした瞬間、「女になった」感じがしました。

街を歩いてみると、肉体は何も変わっていないのに「服を変えるだけでこれほど違うのか！」と実感しました。

それまでと違って、他人の視線がとても気になるのです。

「男だとバレるんじゃないか」という不安もありましたが、決してそれだけではなかったように思います。ショーウインドーなどを見つけると、服や髪型をチェックせずにはいられません。女性は「見られる性」だということが、よくわかりました。

さらに、驚くべき発見がありました。病院で調べてもらったところ、女装したときは女性ホルモンの数値が高くなっていたのです。

女性のような気分になるのは決して気のせいではなく、実際に肉体にまで変化が起こっていたわけです。

医学的に言えば、「プラセボ（偽薬）効果」だったのかもしれません。例えばお腹が痛いとき、「この薬を飲むと一発で治るよ」と言われると、ただの小麦粉を飲んでも腹痛が治ってしまうことがあります。

この場合、「女性としての外見」がプラセボになったのではないでしょうか。とにかく、「外見を変えると内面も変わる」ことが医学的にも確認されたわけです。

なお、女性ホルモンが増えても、「男を好きになる」境地にまでは至れませんでした。女装したまま何年も過ごすと、だんだん男が好きになっていくかもしれませんが、そこまで試すつもりはありません。

さらに、私にはもうひとつ大きな収穫がありました。

私はマッチョではありませんし、体毛も薄いほうです。性格にも少し女性的な部分があり、子供の頃から自分があまり男らしくないことを気にしていました。「男らしさ」にコンプレックスがあったのです。

ところが、この女装実験によって、無理をしてまで「男を演じる」必要はないことがわかりました。自分の性別がたまたま男であることに、大した意味などないのです。あるがままの自分を受け入れるきっかけにもなったのでした。

すべては顔に書いてある

中国の占いのひとつに、「面相」や「面相学」と呼ばれるものがあります。方法はとてもシンプルです。道具は何も使いませんし、生年月日などの個人情報も必要ありません。

ただ「顔を見る」だけで、その人の過去や未来がわかるというもので、そのノウハウを習得した人を「面相師」と呼びます。

当初、私はあまり面相を信用していませんでした。

歳をとれば顔は変わります。そもそも顔を見ただけで、その人の過去や未来がわかるはずがないと思っていたのです。

ところが2005年の秋、トラさんから史偉民という面相師を紹介され、そんな先入観は一発で吹き飛んでしまいました。

史さんはトラさんの弟子のひとりです。つまり六爻占術の関係で言えば、私の兄弟弟子ということになります。

「森田さんのペニスには、ホクロがありますね」

トラさんの通訳で言葉を交わしたとき、最初にそう言われました。確かにありますが、ペニスにホクロがある人なんて珍しくもありません。じっくり探してみれば、ほとんどの人にひとつくらいあるのではないでしょうか。

驚いたのは次の言葉です。

「44……。森田さんは44歳のとき、事故に遭っていますね。赤いオートバイに乗って……西南の方向に走っているとき、事故に遭いませんでしたか？」

まさにその通り！

私の左腕には、まだその事故の傷跡が残っています。これには本当にビックリしました。

「どうしてわかったんですか？」

「顔に書いてあります（笑）」

史さんはさらに言葉を重ねていきます。

「お父さんは、もう亡くなっていますね」「東京の家では、2階で眠っているでしょう?」など、ただ私の顔を見ているだけで、いろいろなことを次々と言い当てていったのです。

後からトラさんに確認しましたが、もちろんトラさんから私の情報を聞いていたわけではありませんでした。そもそも史さんが次々と当てていったことの中には、トラさんだって知らない事実もあったのです。

面相には五行説のような論理的な説明がありません。

例えば「鼻にホクロがあると出費が多くなる」とか「眉の間が離れている女性は男運が悪い」といった法則が無数にあるのですが、「なぜそうなるのか」納得できる理由はないんです。おそらく長い時間をかけて、多くの法則がひとつずつ発見されていったのでしょう。

それにしても、なぜ当たるのか?

結局のところ、史さんが言うように「顔に書いてある」としか思えません。ここでもやはり、大切なのは外見なのです。

あなたの顔は、あなたが自分の意志で選んだわけではありません。「もっと鼻が高かったら」「パッチリした二重まぶただったら」など、ほとんどの人は自分の顔に何かしら不満を持っていることと思います。

最初に自分で好きな顔を選んで生まれてこられるのなら、そんな悩みは出てこないでしょう。

持って生まれた顔で、運命は決まるのです。

「面相」を使って運命を改善する

顔に運命が書いてある――。それなら、美容整形手術によって顔を変えたらどうなると思いますか？

そう、顔が変われば運命も変わります。人工的に顔を変えることで、運命を変えることもできるのです。

ただし、通常の美容整形のように「美しく」すればいいわけではありません。美人であるほど運命が良くなる――という単純なものではないのです。

場合によっては、部分的に醜くしたほうが運命が良くなることもあります。細かい法則がたくさんありますから、素人はむやみに美容整形に走らないほうがいいでしょう。

実際、面相師の史さんも整形手術をして、アゴをふっくらとさせたそうです。

ただし、あくまで運を良くして、運命を改善するためにしたことで、手術前に比べてイケメンになったわけではないようです。

では、面相で「運を良くする」簡単なテクニックをいくつか教えましょう。

20代は額、30代は目

まず、顔がほっそりしている人は、あまり運が良くないとされています。丸顔でふっくらしているほうがいいのです。それで史さんもアゴをふっくらさせたわけで、やはり現代人の美醜の感覚とは違います。

歯の数は、男性は多いほうが運が良くなります。むやみに抜かないほうがいいのです。女性は逆に多くないほうがいいです。

口の端は上がっていると「吉」です。つまり、いつもスマイルを心がけていると運が良くなります。

スマイルにはもうひとつ大きな効用があり、自然と明るい気持ちになって元気が出てきます。

繰り返しますが、大切なのは外見です。楽しいからニコニコするのではなく、ニコニコするから楽しい気持ちになるのです。スマイルは女神を呼び寄せてくれます。

面相では、顔のパーツにその人の年代が表れるとしています。

生まれてから14歳までの運命は「耳」に、15歳から20代の運命は「額」に、30代の運命は「目」に、40代は「鼻」に、50代は「口」に、60歳以上の運命は「アゴ」に表れます。目を見ればその人の30代が、アゴを見れば60代以降の運命がわかるわけです。

女性の場合、自分の歳に当たる部分のメイクに気を遣ってください。

20代の人は額にニキビができないように注意し、30代の人はアイメイクに力を入れるといいでしょう。

男性の場合、一般にヒゲは「吉」になります。生やした部分がふくよかな印象になるからです。そういえば、中国にはアゴヒゲを伸ばしているお爺さんが多いですが、もしかすると面相の影響かもしれません。

ホクロは基本的に「凶」です。

例えば額にたくさんホクロがある人は、幸せな20代を送れません。医者に取ってもらうのがベストですが、髪やメイクで「隠す」だけでも効果があります。

もっとも、例外的に「吉」のホクロもあります。女性の場合は「左目の横」、男性の場合は「右目の横」にホクロがあると、恋愛運が上がるといいます。

また、前にも触れましたが、「鼻のホクロ」は出費を多くします。実は私の鼻にもホクロがあり、史さんには「できれば取ったほうがいい」と言われました。だけど、あえてそのままにしています。多少、出費が多くなっても構わないと思っているのです。

これも前に書いたように、五行説の法則から、ケチケチするよりも積極的に他人におごったほうが金運が良くなるからです。

法則 6

女神は意外と接待に弱い

京都も東京も「風水」で作られた

古代中国人は土地によって運気が異なることを発見しました。同じようなお店を出しても、繁盛する場所とさびれてしまう場所があるのです。

現代人なら、「駅からの距離」や「周辺の雰囲気」が原因だろうと思うところですが、古代中国人はもっと根本的なところに目をつけました。「運気のいい土地」と「運気の悪い土地」があると考えたのです。

このような目に見えない土地の気（エネルギー）の流れを読み、都市や建物の吉凶を判断する思想体系を「風水」と呼びます。

前にも書いたように、女神はひとりではありません。「運気のいい場所」というのは、すなわち「幸運の女神」が集まっている場所。逆に「運気の悪い場所」というのは、「幸運の女神」がいない場所ということになります。

中国で生まれた風水の思想は、早くから朝鮮半島や日本にも伝わりました。そのため中国の都市はもちろん、ソウルや東京も風水によって作られた「風水都市」になっている――というのは有名な話です。

都市の場合、「北に山、東に川、南に池や海、西に大きな道」に囲まれた土地がベストとされ、実際に京都や東京もそうなっています。

まず京都を見てみると、北に船岡山、東に鴨川、南にかつては巨椋池という大きな池があり、西には山陰道があります。ちなみに、鴨川は昔からあったわけではなく、風水のためにわざわざ土木工事をして作られた人工の川です。

東京（江戸）を見ると、北に麹町台地、東に隅田川、南に東京湾、西に東海道があります。

さらに日本の陰陽道では、東北を鬼がやって来る不吉な方角と考え、「鬼門」と呼んで警戒しています。いわば、都市の弱点です。そのため、京都では比叡山延暦寺を、東京（江戸）では上野の寛永寺や日光東照宮を東北に建て、鬼門を守らせたのでした。

方角の話が出たついでに、「四神（しじん）」についても簡単に触れておきましょう。

風水では、東西南北それぞれの方角に神獣がいると考えており、これを四神と呼んでいます。

東に「青龍（せいりゅう）」、南に「朱雀（すざく）」、西に「白虎（びゃっこ）」、北に「玄武（げんぶ）」です。聞いたことがある方も多いのではないでしょうか。

すなわち、平安時代の京都を南北に貫いていた朱雀大路は「南に向かう道」という意味。白虎といえば、幕末の戊辰戦争で玉砕した白虎隊を思い出しますが、当時の会津藩には他に青龍隊、朱雀隊、玄武隊もそろっていたそうです。

また、四神は五行説とも密接に関係しています。

東は「木」の方角で、「木」に対応する色は青なので、東を守る神獣は「青い龍」。南は「火」の方角で、「火」に対応する色は赤なので、南を守る神獣は「赤い雀」というわけです。ちなみに、北を守る玄武の「玄」は「黒」を意味します。

我が家に女神を招待する

風水で建物を見る場合、まず「入口」、すなわち門や玄関がとても重要な場所とされています。

なぜかというと、風水では「気」と表現される「幸運の女神」は、人間と同じようにドアから家の中に入ってくるからです。

肉体を持たない存在であるにもかかわらず、壁をすり抜けたり、天井から忍びこんだりすることはありません。なにしろ女神さまですから、上品でお行儀がいいのです。

入口がいくつもある建物の場合、大きさではなく、使用頻度が問題になります。小さくても、たくさんの人が出入りしている入口を使うのです。

例えば私の下北沢の家には、正門と勝手口があります。普段はもっぱら勝手口から出入りしていて、正門は来客があるときくらいしか使いません。そうなると、女神も勝手口から入ってくることになります。

余談ですが、勝手口から入ってくる女神の姿を想像してみると、いかにもメイドみたいで可愛いと思いませんか？

ですから、女神に来てもらうには入口に気を遣わなければいけません。常にきれいに掃除しておくのです。女神はきれい好きなので、玄関が汚い家には入ってくれません。眉をしかめて、そのまま立ち去ってしまいます。

いったん中に入ってもらえさえすれば、こっちのものです。家の中は多少汚くても、あまり気にせずテクテクと歩き回ってくれます。とにかく、玄関だけはきれいにしておくことが大切です。

2階建ての家の場合、階段にも注意してください。

階段をきれいにしておくと、女神はそのまま2階に上がってくれます。きちんと掃除をして、花を飾ったり、絵や写真を飾ったりするのです。我が家では、階段の踊り場にいつも花を飾るようにしています。

３階や地下室がある家に住んでいる人は、そちらの階段も同じくきれいに保っておきましょう。

「ラッキー・スポット」の探し方

家の中でも運気のいい場所、すなわち「幸運の女神」がくつろいでいる場所があります。

かつての中国では、亀を使って探す方法が取られました。亀を部屋の真ん中で放し、そのまま観察します。トコトコと歩いていって、首を引っ込めて寝た場所がそうだというわけです。

現代の日本ではそんなに簡単に亀が手に入りませんが、別に亀にこだわる必要はありません。カブトムシなど昆虫で代用してもいいでしょうし、猫を飼っていれば、その猫がよく寝ている場所です。そこが運気が良く、女神お気に入りの「ラッキー・スポット」ということになります。

自分自身の直感に頼る方法もあります。

部屋のあちこちに座ってみて、一番リラックスできる場所を見つければいいのです。

「ラッキー・スポット」を見つけたら、そこを清潔に保ちましょう。玄関や階段と同じように、きれいに掃除して花でも飾り、居心地を良くしてあげてください。女神はきれい好きなので、きれいな場所には長く留まってくれます。

そう、女神は意外と接待に弱いのです。

きれいに整えたら、次はソファなどを持ってきて、あなた自身もそこでくつろいでください。そこで昼寝などするのもいいと思います。

女神と同じ空間にいることで自動的にパワーをもらえ、どんどん運が良くなっていきます。

家の右側を高くする

都市と建物では、「四神」の考え方が少し異なってきます。

都市の場合は東が青龍、南が朱雀、と客観的な方角で判断するのですが、建物の場合には方角を問いません。どちらの方角に向いていても関係なく、「入口」がある方角を朱雀としています。実際には北を向いていたとしても、そちらに玄関があれば、その方向が朱雀になります。

要するに、建物の入口を南、その反対側を北と見るわけですが、混乱しそうだと思った人は、いったん方角を頭から消したほうがいいかもしれません。

入口が朱雀、入口から見て右側が青龍、入口から見て左側が白虎、とシンプルに覚えてください。なお、これは建物の外から見た場合です。中から見れば、逆に入口の左側が青龍、右側が白虎ということになります。

建物では、「白虎よりも青龍を高くする」と運が良くなると言われます。つまり、入口の右側を高くしておくと、女神が居ついてくれるわけです。

もちろん風水で理由を説明することもできますが、長くなるので今回は割愛させていただきます。とりあえずは理屈抜きで、女神は「右側が高い建物が好き」と理解してください。

そこで私の家では、入口から見て右側のバルコニーに高いポールを取りつけてあります。いずれ何かに使おうとも思っていますが、今のところ実用的な意味はまったくありません。あくまで、「青龍を高くする」ためのポールです。

ほんの数カ月前のことですが、私の家の左側に「高い電柱を建てたい」と電力会社が言ってきたことがありました。

私は天体観測が趣味ということにして、「金星が見えなくなると困る」と言い張り、予定よりも電柱を低くしてもらいました。自宅の風水をキープするには、それなりの努力も必要です。

青龍と白虎

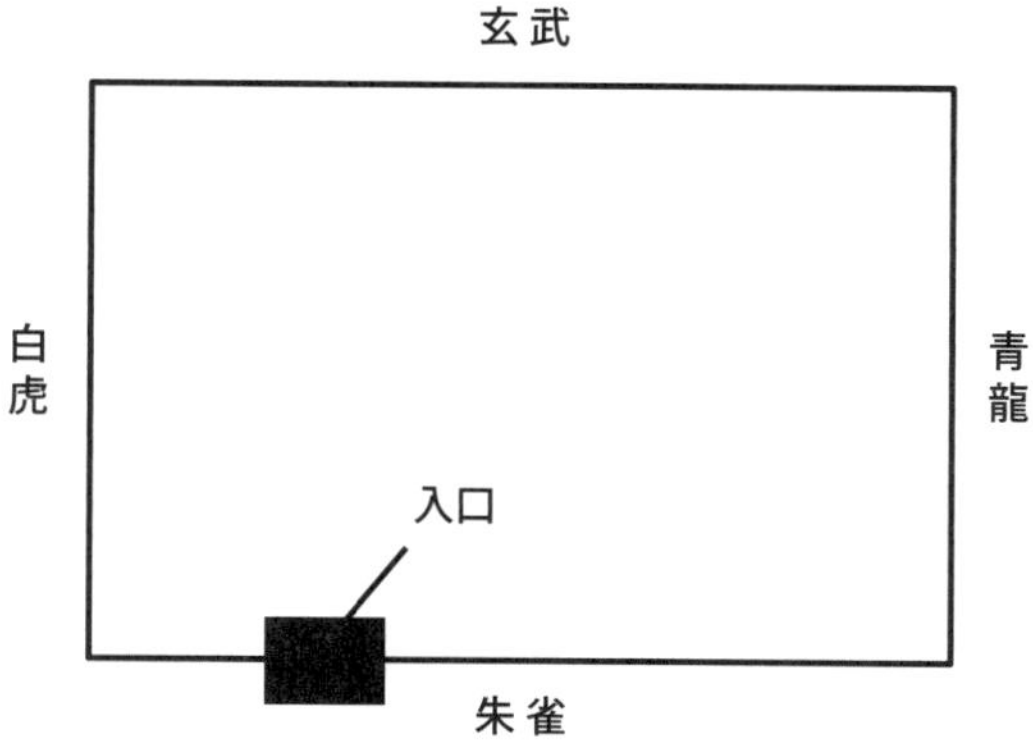

背の高い家具は青龍の側に

家の右側に高いものを取り付けられない場合、「竹」を使うといいでしょう。竹は上に伸びるエネルギーがとても強い植物なので、小さくても「高いもの」の代用になります。鉢植えの小さな竹でも構いません。

知り合いの風水師から聞いた実例を紹介しましょう。

中国の軍隊に、事故ばかり起こしている部隊がありました。その風水師が頼まれて駐屯地を訪ねてみると、左側（白虎の側）に高層ビルが建っていたのです。反対側（青龍の方角）に、そのビルより高いものを立てるのは不可能です。そこで竹を植えるようにアドバイスしたところ、トラブルはまったく起こらなくなりました。２００８年の四川省大地震の救助活動では、後から表彰されたほど目ざましい活躍を見せたそうです。

「青龍を高くする」法則は、家の中でも有効です。

家の中から見ると、入口の左側が青龍になります。背の高い家具はこちらの側面に集めたほうがいいのです。

また、「白虎と玄武は〝静〟に保つ」という法則もあります。電化製品は〝動〟とされていますから、白虎の側や玄武（入口と反対）の側に置いてはいけません。特に、白虎の側は避けてください。青龍か朱雀（入口）の側に置きましょう。

ちなみに、ソファのように「動かない家具」は〝静〟なので、白虎や玄武の側に置いても大丈夫です。

〝空の花瓶〟で恋人ができる

異性運のことを中国では「桃花運(とうかうん)」と呼びます。味もそっけもない「異性運」に比べると、「桃の花」というのがいかにも華やかで、気分がウキウキしてくる言葉だと思いませんか？

ひとつ、この桃花運を上げる裏ワザを紹介しましょう。

風水では、家の中の青龍の側、つまり入口から見て右側が「男性」を示し、逆に白虎の側が「女性」を示します。男性が桃花運を上げるには、女性を示す白虎の側に空(から)の花瓶を置くといいのです。女性の場合は、逆に青龍の側に空の花瓶を置きます。

ちなみにゲイの方は「男にモテたい」のでしょうから、「男性運を上げる」という意味で、女性と同じ青龍の側でいいと思います。

自分が兄弟の中で1番目か4番目の子供なら入口に近い所、2番目か5番目なら真ん中の辺り、3番目か6番目なら入口から遠い奥のエリアに、花瓶を置いてください。

ここで注意してほしいのは、〝空の花瓶〟を置くということです。

花はもちろん、水も入れてはいけません。お店に売ってある花瓶のように、そのままの状態で置いておくのです。

女神の同情を買う

なぜ、空の花瓶で桃花運が上がるかというと、前にも書いた通り、「女神はだまされやすい」からです。

女性の場合、住んでいる家の青龍の側が桃花運に関係するのでした。ここにたくさん花が活けてあると、女神は「この人は桃花運に恵まれているのね」と思い、何もしてはくれません。

桃花運

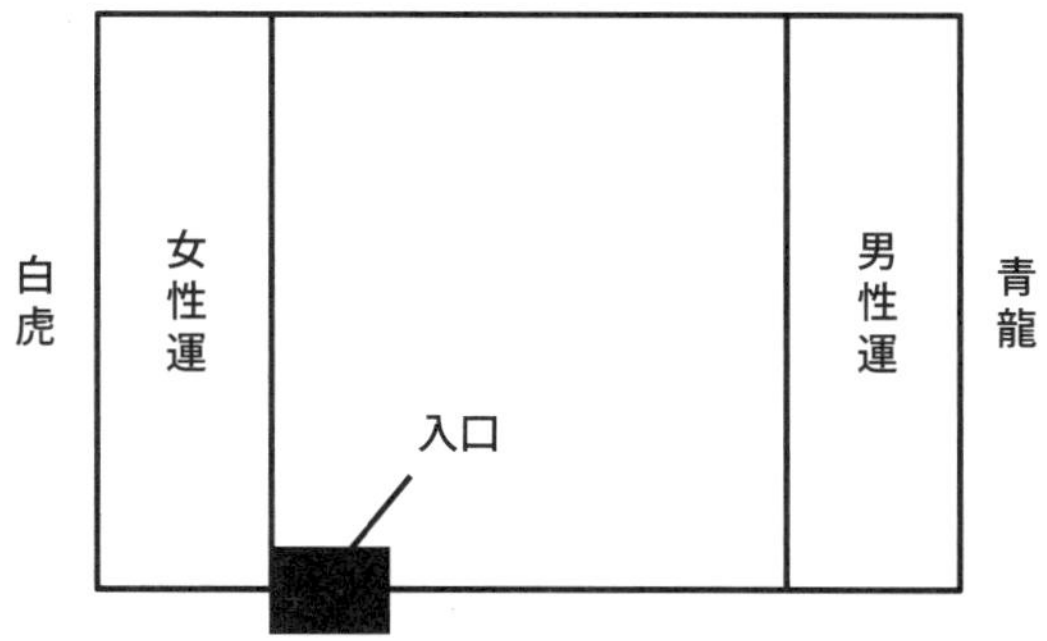

ところが、空っぽの花瓶が置いてあると、「おお、可哀想に！　この人はまったく桃花運に恵まれていないんだわ」とカン違いしてくれるのです。

人間同士だったら、同情を買うだけで終わりでしょう。

しかし、心優しく、生来の世話好きである女神は放っておきません。早速メイド服に着替え、「この可哀想なお嬢さまに、私がステキな殿方を連れてきてあげましょう」と活躍してくれるのです。

やがてステキな恋人ができたら、その時点で花瓶に花を活けてください。

このとき、「幸運のメイド」に感謝する気持ちも忘れてはいけません。

ところで、新しくできた恋人に満足できない、あるいはもっとステキな恋人が欲しいと思ったら？

そう、そのまま空の花瓶を置き続ければいいのです。

もっとも、あまり欲をかくとろくなことがない——と忠告しておきましょう。上を見ればキリがありません。「幸福」も「ステキな恋人」も、あくまで人それぞれの主観であることをお忘れなく。

向上心も大切かもしれませんが、いつも上ばかり見ていては、決して幸せを感じることはできません。

妻は南側に寝るといい

健康で長生きするためには、寝室が大切になってきます。

昔のテレビＣＭにもあったように、人生の3分の1はベッドの中。睡眠時間が6時間だとしても4分の1です。決してバカにはできません。

家の中では、北西のエリアが「王の間」、南西のエリアが「女王の間」とされています。そこで眠ると健康運が良くなるのです。

つまり、夫婦で同じ寝室に寝ているなら、「妻が南側に寝るといい」ということになります。

入口の方角など、建物の立地条件によってどのエリアを指すかが変わってしまうため詳しい説明は割愛しますが、「不倫の間」というのもあります。

何を意味するかは名前からも想像がつくでしょう。そこをきれいに飾っておくと、結婚していても浮いた話が絶えないというわけです。

一度、妻にその話をしたことがありました。それ以来、なぜか我が家の「不倫の間」はいつもきれいに保たれているような……。

多分、気のせいだと思います。

運命を変える

繰り返しますが、人間の運命は９割決まっています。ということは、残りの１割は変わる可能性があるということです。

一見大したことなさそうですが、よく考えてみると１割――10パーセントというのは意外に大きな割合です。

例えば、あなたの知り合いにも血液型がＡＢ型の人が何人かいると思います。日本人の１割しかいないはずですが、それほど珍しくはありません。40人のクラスに４人はいることになります。

風水や六爻占術のすごいところは、自分の意志でその１割を変えることができるところです。

運を良くし、運命を変えることができるのです。

ただし、自分で「こうしよう」と思っただけでは運命は変わりません。外側に何かを配置することで変えられるのです。

なぜ、そんなことができるのでしょうか？

「私は結果」だからです。

あなたがこの世にいるのは、あなたの意志ではありません。「子供が欲しい」という両親の意志によって、生を受けたのです。

同じく、あなたが人付き合いが苦手なのも、あなたの責任ではありません。もともと、そのように生まれついたのです。

持って生まれた性格を直すのは大変なことですし、完全に変えることは無理でしょう。努力して社交的に振る舞えるようになったとしても、根っから社交的で太陽のように明るい人にはなれません。

すべての原因は、外側（環境）にあるのです。もしも、あなたの運が悪いとすれば、それは外側（環境）のせいです。

つまり環境を変えれば、運が良くなり、運命は変わることになります。

その方法のひとつが「置物」などのグッズを使うことです。

未が丑を、寅が申を攻撃する

例えば、すでに紹介した私の親戚に当たる夫婦の話です。長年子供ができないことに悩んでいましたが、六爻占術で占って「羊の携帯ストラップ」を持たせたところ、待望の妊娠をしたのでした。

なぜ「羊」が良かったのかというと、彼ら夫婦の忌神(きしん)が十二支の「丑(うし)」だったからです。

十二支の動物を円形に並べると「対角線上を攻撃し合う」性質があり、「未(ひつじ)」が「丑」を攻撃します。そのため、羊の携帯ストラップが妊娠の邪魔をする忌神を潰してくれたわけです。

さらに、例を挙げましょう。

数年前、私の会社でネズミが大量発生したことがありました。会社の隣りに飲

対角線上を攻撃し合う十二支

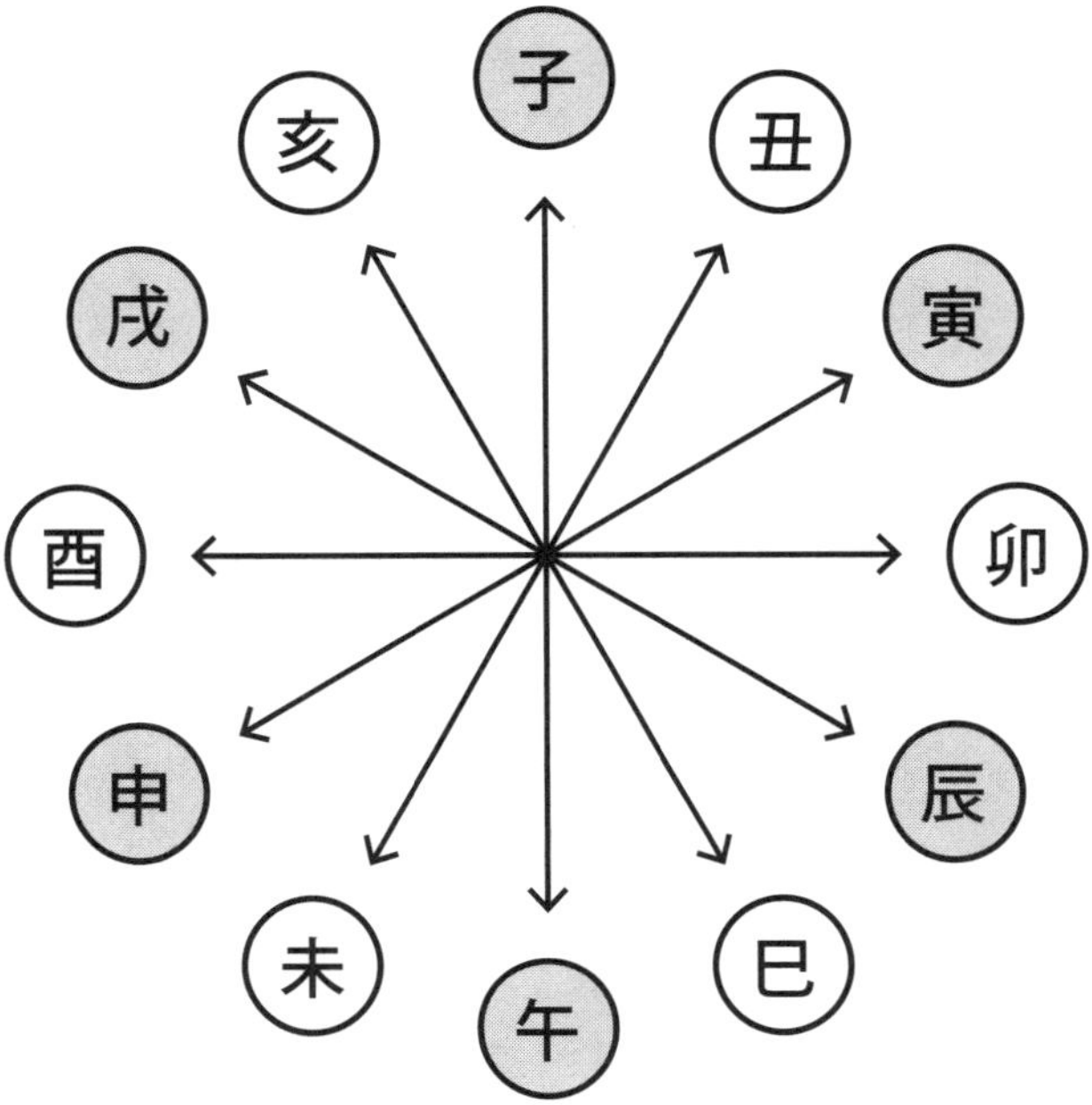

食店がたくさん入っていたビルがあり、それが取り壊されたのです。居場所を失ったネズミたちが、どっと引っ越してきたのでしょう。

六爻占術で占ってみると、そのネズミたちは「申」の十二支を持っていました(ネズミだから「子」には限らないのが面白いところです)。「申」を攻撃してくれるのは対角線上にいる「寅」です。

そこで私はオモチャ屋さんで1000円くらいの猫の置物を買ってきて、オフィスの中央に置きました。すると、数日でネズミが出なくなったのです。

素直に虎の置物を使わなかったことに深い意味はありません。最初は虎を買うつもりだったのですが、お店でたまたま目に入ったのが猫だったのです。虎はネコ科の動物ですし、「ネズミ退治に猫」というのも気に入りました。

猫の置物に助けられたのは、そのときだけではありません。

妻の父が泌尿器系のガンになったことがありました。六爻占術で占うと「治る」と出て、その改善グッズも「寅」だったのです。そこで娘が持っていた「猫のキャラクターのぬいぐるみ」を病室に持っていくと、それが原因かわかりませんが無事に退院して、今も元気で暮らしています。

改善した時点でグッズは捨てる

このような十二支の改善グッズを使う場合、ひとつ注意しなければいけないことがあります。「病気が治った」「彼氏ができた」など、運命が改善した時点で、なるべく早くグッズを捨てることです。

なぜなら、そのときにはグッズが「悪い気」を吸っているからです。悪い気を吸ったグッズをいつまでも持っていると、せっかく好転した運命が元に戻ってしまうことも考えられます。

前にも話したように、私は毎年、「年運」を占っています。今年（2009年）の改善グッズは「戌（いぬ）」でした。そのため犬のぬいぐるみを買ってきて、自宅の書斎に置いていています。

今年もそろそろ終わりますが、お蔭で特に不幸な事件は起こりませんでした。

犬のぬいぐるみは、しっかり一年間働いてくれたわけです。

この場合、「年が変わった」時点で彼の仕事は終了となります。もともと「２００９年の魔除け」という意味でしたし、もうひとつ、年が変わると干支も変わるというのも大きな理由です。いつまでも前年の改善グッズを置いておくのは良くありません。

六爻占術は旧暦を使うので、正確には「立春」で年が変わります。ですから、2月になった時点で犬のぬいぐるみを捨てるつもりです。

六爻占術を試してみたい方に

実際にどんな改善グッズを持てばいいのかは人によって様々です。健康運を見る場合と異性運を見る場合でも異なってきます。自分の改善グッズを知るためには、実際に六爻占術で占ってみるしかありません。

興味を持たれた方は、巻末に紹介した不思議研究所の「六爻占術無料サービス」

にアクセスしてみてください。

金運、健康運、異性運を占えます。名前を入れる必要もありませんし、一切お金はかかりません。

それぞれの運の強さは10段階の数字で表されます。最強が「10」ですから、例えば「7」だったら「放っておいても大丈夫」、「2」なら「改善する必要がある」と判断できるわけです。

初歩的なシステムには違いありませんが、無料とはいえ、決していい加減なものではありません。私自身もきちんと占う時間がないときなどに、ときどき利用しているくらいです。

お知らせ

六爻占術の詳しい資料が欲しい方

この本の中に登場する六爻占術のテキストは書店では売られておりません。詳しい資料が欲しい方は下記までご請求下さい。無料でお送りいたします。

〒151-0053　東京都渋谷区代々木1-30-6
不思議議研究所
「幸運の女神を味方にする方法」マガジンハウス係

電話 03-3375-4489（平日10時〜18時）
FAX 03-3375-2955（24時間）

まとめ

「幸運の女神」攻略法

私がこの本で伝えたかったことは、タイトルにある通り「幸運の女神をメイド（味方）にする方法」です。

「幸運の女神」とは、どのような存在なのか？ 実際にどうすれば女神がほほ笑んでくれるのか？ 基本となる考え方から具体的なノウハウまで、できるだけわかりやすく説明させていただきました。

ここで改めて、〝女神攻略法〟をまとめておきましょう。

1　自分で運命を切り開こうとしてはいけない

世の中には「運がいい」人と「運が悪い」人がいますが、あくまで相対的なもの。「運がいい」人とは、他の人より「運が良かった日」が多い人のことです。

運命は最初から9割決まっています。だからといって、自由に生きられないわけではありません。どうなるか決まっていない部分も1割だけあり、その部分はいくらでも変えられます。

ただし、自分で運命を変えようとしても、なかなかうまくいきません。大切なのは運命の流れに身を任せ、「幸運の女神」にほほ笑んでもらうこと。「幸運の女神」に愛されると、どんどん運命は好転していきます。女神に愛された人のことを「運がいい」人と呼ぶのです。

2 はっきりした〝問い〟を持つ

女神はお願いされるのが嫌いです。願望と命令は紙一重。プライドの高い女神は、人間ごときの命令なんて聞いてくれません。

ポイントは関心を持ってもらうこと。具体的ではっきりした〝問い〟を持つことで、女神は動いてくれます。

どんなにくだらない質問にも、女神は答えてくれます。ただし、いい加減な問いではいけません。本気で知りたいこと。昔からずっと気になっていたこと――。問いが強くて長いほど、女神はきちんと答えてくれます。

問いを持つことで、運命は変わります。問いによって人間は動き、問いによって人生も大きく変わります。人生とは、問いの結果なのかもしれません。

3　小さな不幸は「ラッキー」と思え

女神は「オール・オア・ナッシング」のデジタル思考。この性質をうまく利用すると、大きな不幸を避けることができます。

例えば旅行の前に献血に行くと、旅先で事故に遭う危険が減ります。日ごろから積極的に他人におごっていると、思わぬ散財を防ぐことができます。

女神はだまされるのが好きなのです。

小さな不幸に遭ったら、「ラッキー!」と思いましょう。なぜなら、それだけ大きな不幸に遭う危険が減ったことになるからです。最初から運命が9割決まっているなら、悪いことが続くほど、次にいいことが起こる可能性が高くなります。

4　見返りを期待せずに行動する

厚かましい人や無神経な人が嫌いな女神は、奥ゆかしく遠回しにメッセージを伝えます。偶然を装って、大切なことをそっと教えてくれるのです。メッセージを正しくキャッチするには、「偶然から何かを発見する能力」が欠かせません。

ときには、わかりにくいメッセージを伝えることもあります。例えば「3回悪いことが続いたときはチャンス」です。ひるまず、勝負に出ましょう。

六爻占術をはじめ、中国の占いはすべてベースに「五行説」という理論があります。この五行説は「世界は間接的に動いている」という真理を表しています。だから、直接的な見返りを期待してはいけませんし、人に何かしてもらったからといって「借りができた」と思う必要もないのです。

5　服装や髪型など、外見に気を遣う

内面を変えるのはとても難しいものです。なぜなら、最初から9割決まっている運命と同じく、人間の性格も生まれる前から決まっているからです。無理に内面を変えようなどと思わず、ありのままの自分を素直に受け入れてください。

内面よりも、むしろ外見のほうが重要です。外見が変われば、自然と内面も変わり、運命まで変わります。実際、中国にはその人の顔を見ただけで、本人しか知らないようなことを次々と言い当てていく「面相師」がいます。

心みがくな、顔みがけ――。もっと服装や髪型に気を遣いましょう。

6　「風水」を使って女神に居ついてもらう

土地や建物の運気を判断する「風水」を使うと、女神に居ついてもらえるようになります。

女神はドアから入ってくるので、入口はとても重要な場所です。玄関は常にきれいにしておきましょう。家の中の「ラッキー・スポット」を探し、そこをいつも清潔に保ちましょう。背の高い家具は家の右側に集めます。「空の花瓶」を使って恋人をゲットするという裏ワザもあります。

風水や六爻占術によって、運を良くし、運命を変えることができるのです。

いかがだったでしょうか？　私のお話は以上です。

この本を手に取っていただき、ありがとうございました。

最後に、読者のみなさんにこの言葉を送りたいと思います。

グッド・ラック!!（幸運を）

運命が好転する六爻占術無料サービス

手順

1．携帯電話かパソコンで以下のＵＲＬにアクセスしてください。

http://www.rokko-s.jp/happy/

携帯電話がＱＲコードに対応していれば、このページにあるＱＲコードにアクセスしてください。

2．「金運」「健康運」「男性運」「女性運」のメニューの中から、占いたいものを選んでください。

3．３枚のコインを振ってください。

4．裏の枚数を携帯かパソコンに入力して下さい。

5．結果が表示されます。

まず、運の強さが表示されます。

次にラッキーグッズが十二支で表示されます。

次にラッキーな方向が表示されます。

次にラッキーカラーが表示されます。
次にラッキーナンバーが表示されます。

コインを振るときの注意点

百円玉を使う場合、「１００」と大きく書いてある側が表です。絵柄の側が裏です。十円玉でも五円玉でもＯＫですが、一円玉は軽すぎてダメです。ただし百円玉が1枚で十円玉が2枚あるからといってこれらを混ぜて使うことはできません。同じ種類の硬貨を3枚使って下さい。

振る前に占いたい事柄について思ってください。

コインは両手の中で、3～5秒ジャラジャラ混ぜてください。その後、机などの硬い物の上に投げてください。そして裏の枚数を数えます。コインが机から落ちても問題ありません。床に停止したコインの裏表を見て、それを採用してください。

出た裏の目の数を書いてください。
これを6回行ってください。
振るタイミングは、あまり間をおかないでリズミカルに振ってください。

結果の見方

運の強さは、プラス10が一番強いです。0が普通です。マイナス10が一番弱いです。プラス10の場合、運命変更しなくてもそれは実現するでしょう。マイナス10は悪すぎて運命変更できないでしょう。人生は諦めも肝心です。これを機会に別の路線に転向したほうがいいです。恋愛運なら別の彼に乗り換えたほうがいいです。財運なら別の収入源を考えたほうがいいです。健康運なら今までの生活様式を一変したほうがいいのです。ということは一挙大逆転が待っているのがマイナス10なのです。

一日に何度も振ると当たらない

悪い結果が出た人の中には、いい結果が出るまで何度も振る人がいそうです。でも二度も三度も振る人は、最初のコインにも場が乗らなくなる傾向があります。考えてもみてください。何度も振る人に未来を教えると思いますか？

また、もうひとつ理由があります。２回目に振ったときは、応期が中心に出るのです。応期というのはモノゴトが実現する時期のことです。たとえば恋愛運を占った場合、彼氏が「いつできるか」が出るのです。本書においてはその判断の方法まで書く場所がありませんので、割愛させていただいたのです。

運命改善方法

例えば次の結果が表示されたとしましょう。

運の強さ＝2

ラッキーグッズ＝虎

ラッキーな方向＝東北

ラッキーカラー＝白、黒

ラッキーナンバー＝3

運の強さが「2」なので「なーんだ、俺の運も大したことないなあ」と思う人は、大したことがない人です(笑)。もっと上が狙えるからです。女神は「あなたの元々の運はこんなものではありません。ここに書かれた情報を駆使すれば、運は5倍(運の強さ10）にもなります」と言っているのです。

ラッキーカラーは次のようにして使います。

まずは置物などの下にラッキーカラーの紙を敷くのです。これで運命変更率はだいぶ上がるはずです。置物にラッキーカラーのマフラーを作って巻いてあげるのもいいです。

方向についてはシビアになる必要はありません。携帯ストラップにグッズを付ける場合も多いからです。

運の比較

例えば彼女をデートに誘うとき、Aという店がいいかBという店がいいか迷ったとき、ふたつを場合分けして振ってください。恋愛運で占い「運の強さ」が高いほうを採用すればいいです。

仕事も同様です。Aという方向で行くか、Bという方向で行くか、それは財運で占えます。

その場合、すぐにBを振らないでください。Aの「場」はなかなか消えてくれないからです。1時間以上は別のことをやり、一度頭をクリアーしてからBのケースを思って振ってください。

タイムスパン

占いたい期間のことを「タイムスパン」といいます。タイムスパンの意識を持たないと自動的に長期のものが出ます。しかし中には今日一日のことを占いたい人もいるはずです。例えば競馬で大きなレースがあるとか……。その人は今日一日という意識を持ってコインを振ればいいのです。今日の運勢しか出ません。そこでラッキーグッズが「亥」と出たとします。亥はイノシシですがブタで代用もできます。ブタの置物を競馬場に持っていくのも格好悪いと思ったら、ブタの絵を描いた紙をポケットに入れるだけで運は良くなるはずです。ラッキーカラーが黒か白で、ラッキーナンバーが3だったとすれば、白い紙に黒い鉛筆で3匹のブタを描けばいいです。

その日がデートなら、やはり一日を占うのが便利です。というのも恋愛運ではラッキーカラーが大活躍するからです。例えばラッキーカラーが赤と出たとします。でも赤の服は着たくない……、そんなときはピンポイントにその色を使いましょう。下着にピンクを選ぶとか、赤系のハンカチを持つとか……。要は運命変更の意識をどこに向けるかです。

ここで問題になるのがタイムスパンを過ぎたグッズをどうするかです。捨てるか洗うかしてください。そのグッズには運命を変更した疲れが残っています。そのまま別の運命変更に使用することは酷です。

健康運に対して一日のタイムスパンを意識して振れば、交通事故などにも対応します。事故も健康運に含まれるからです。1週間の海外旅行に行く場合は、それを思って振ればいいです。無事に帰ってくることができるかどうかが出ます。

株を銘柄別に占うこともできます。しかしコンピュータから出た結果で投資するのはちょっと危険かもしれません。やはり大金をかけるには卦の解読知識が必要です。

そういう意味ではこの「六爻占術運命好転無料サービス」はほんの初歩的な方法です。過度の期待は禁物ですし、どうなっても責任は持ちません（笑）。また、無料サービスですので、サーバーの都合でサービスが停止、あるいは終了する場合もあります。つまり保証はできないということです。

しかしタダであれ、トラさんの秘法が十分に詰まっています。どうせ一生を生きるのなら、楽しい方向に向かいたいものです。

森田 健

1951年、東京都生まれ。上智大学電気電子工学科卒。富士通(株)を経て、コンピュータソフト会社を経営。開発した通信ソフトが郵政大臣賞を受賞。1996年に社内に不思議研究所を設置。「時空」と「私」の謎を解くため、数々の不思議現象を探究し、世界中を取材する。主な著書に、『運命を変える未来からの情報』『運命におまかせ』(以上講談社)、『あの世はどこにあるのか』『運を良くする』『神のなせる技なり』(以上幻冬舎)、『運命好転の不思議現象99の謎』(二見書房)、『生まれ変わりの村1』『生まれ変わりの村2』(以上河出書房新社)

幸運の女神を味方にする方法

2009年12月17日　第1刷発行

著者　森田 健

発行者　石﨑 孟

発行所　株式会社マガジンハウス
〒104-8003 東京都中央区銀座3-13-10
受注センター ☎049-275-1811
書籍編集部 ☎03-3545-7030

印刷・製本所　大日本印刷株式会社

装丁　野津明子（böna）

構成　伊藤和弘

イラスト　海野 玲

©2009　Ken Morita,Printed in Japan
ISBN978-4-8387-2055-2 C0095

乱丁本、落丁本は小社書籍営業部宛にお送りください。
送料小社負担にてお取り替えいたします。
定価はカバーと帯に表示してあります。

マガジンハウスのホームページ
http://magazineworld.jp/